서 일하며 전쟁포로들과 억류자들을 위한 잡지를 발행하는 한편, 정치적 논문과 선전문 등을 발표하며 전쟁의 비인간성을 규탄했다. 이런 활동들로 인해 그의 작품들은 독일 내에서 불온서적으로 낙인찍히기도 했다. 전쟁 기간 당시 정신적 어려움을 겪다 카를 구스타프 융에게 심리치료를 받았으며, 종전 뒤인 1919년에 '에밀 싱클레어'라는 필명으로 『데미안』을 발표했다. 이 작품은 젊은 독자들에게 커다란 반향을 불러일으켰고 작품성 역시 인정받아 베를린시에서 주관하는 폰타네상을 수상했다. 이후 『싯다르타』, 『나르치스와 골드문트』, 『황야의 이리』, 『유리알 유희』 등 여러 작품으로 수많은 독자들을 매료시켰다. 그러나 군국주의와 국가주의에 비판적이고 나치를 경계한다는 이유로 그의 입지는 점점 좁아졌고, 나치 집권 이후에는 독일 내에서 작품의 제작과 판매가 어려워졌다. 종전 뒤인 1946년부터 독일에서 다시 헤세의 작품이 출간되기 시작했고, 같은 해 노벨 문학상과 괴테상을 수상했다. 1950년 브라운슈바이크시에서 주관하는 빌헬름 라베 상을, 1955년 서독 출판협회에서 주관하는 평화상을 수상했다. 1962년 스위스 몬타뇰라에서 세상을 떠났다.

자정 너머 한 시간

자정 너머 한 시간

Eine Stunde hinter
Mitternacht

헤르만 헤세
신동화 옮김

HERMANN HESSE

엘리

차례

서문　　　　　　　　　9

섬 꿈　　　　　　　　17
엘리제를 위한 알붐블라트　　49
열병의 뮤즈　　　　　　55
새로운 삶이 시작된다　　　63
왕의 축제　　　　　　　69
말 없는 이와의 대화　　　95
게르트루트 부인에게　　　105
야상곡　　　　　　　　115
이삭 여문 들판 꿈　　　　123

일러두기
1. 이 책은 Hermann Hesse, *Eine Stunde hinter Mitternacht*, Diederichs, 2019(초판 1899)를 완역한 것이다.
2. 본문 중의 각주는 모두 옮긴이의 것이다.

영원한 봄이 그곳에선 다채로운 생을 고요한 평원에
이리저리 흩뿌리지 않았던가? 평화가 그곳에선
단단한 직물을 짜지 않았던가? 그리고 한번 자라난 것이
그곳에선 영원히 꽃피지 않았던가?

노발리스*

---

* 독일 낭만주의를 대표하는 시인. 위의 인용문은 노발리스의 시 「이방인」에 나오는 구절이다.

서문

―――――――――

1941년 재간에 부쳐

『자정 너머 한 시간』은 라이프치히의 오이겐 디더리히스 출판사에서 출간되었다. "1899년 6월에 W. 드루굴린이 제작"했고 대단히 세심하게 조판하고 인쇄하고 장식한 이 작은 책은 나의 초기 저서를 수집하는 이들에게 잘 알려져 있다. 수년간 헌책방에서 이 책을 찾느라 허탕을 친 사람을 몇 명 알기에 하는 말인데, 비록 많은 이들은 제목만 알지만 말이다. 이 책을 이루는 작은 산문 작품들은 1897년부터 1899년까지 튀빙엔에서 탄생했다. 당시 나는 북독일의 한 젊은 여성 시인과 편지를 주고받았다. 그녀의 이름은 헬레네 포이크트로, 지금은 사라진 어느 잡지에서 내 시 한 편을 발견해 읽고 난 후에 내게 편지를 보내왔다. 우리는 만난 적이 없었지만, 그녀는 젊은 출판인 오이겐 디더리히스와 약혼했다는 소식을 얼마 전에 전해 왔다. 그리고 나는 피렌체에서 첫 책들을 출간한 그 출판인을 통해 새로운 방식으로 장정한 흥미로운 여러 책, 특히 야콥센*의 세 권짜리 작품 선집을 접하게 되었기에, 내 원고를 그에게 보냈다. 그는 나에 관해 아는 게 없었고, 나의 작은 책은 출판사의 방향에 좀 맞지 않았다. 그럼에도 그가 이 책을 발행하기로 결심한 것은 아마도 무엇보다 그의 약혼녀이자

---

* 19세기에 활동한 덴마크 작가 옌스 페테르 야콥센을 가리킨다.

서문

젊은 아내의 옹호 덕택일 것이다. 그는 이 산문 작품들을 일컬어 "스케치"라 표현하면서, 나의 "스케치들"에 "해방적인 면"이 없다며 아쉬워하고 이어서 이렇게 이야기했다. "그러니까, 솔직히 말해 저는 이 책이 상업적으로 성공하리라고는 별로 믿지 않지만 그 문학적 가치를 그만큼 더 확신합니다." 그는 육백 부를 찍자고 제안했고, 내가 그의 제안에 모두 동의한다고 밝히자, 두 번째 편지에 이렇게 적었다. "제가 육백 부를 팔 거라고는 저 자신도 기대하지 않습니다. 그러나 장정만으로도 눈길을 끌 것이고 이로써 저자가 무명이라는 점이 상쇄되기를 바랍니다."

출간 후에 나의 작은 책을 논한 몇 안 되는 평들 중에 두 편만이 어느 정도 무게가 있었는데, 하나는 빌헬름 폰 숄츠*의 평이고, 다른 하나는 릴케의 평이다. 상업적 성공은 과연 없었고 책은 첫해에 쉰세 부가 팔렸다. 그리고 몇 년 후, 내가 다른 책들로 유명해지자 소량의 부수는 당연히도 빠르게 전부 소진되었다. 하지만 그사이에 이 책에 대한 나 자신의 입장이 달라져서 나는 출판인에게 중쇄 제작을 단념하도록 했고 지금까지

---

* 서정적 상징 시인으로 출발했으나 이후 신고전주의 운동에 참가한 독일 작가. 특히 희곡 작품으로 명성을 떨쳤다.

도 중쇄는 이루어지지 않았었다.

내 첫 산문집의 제목에 관해 말하자면, 그 의미가 나 자신에게는 명확했던 것 같지만 대부분의 독자에게는 그렇지 않았다. 나는 내가 살던 왕국, 내가 시적인 시간과 나날을 보낸 꿈나라를 제목으로 암시하고자 했다. 시간과 공간 사이의 어딘가에 비밀스럽게 자리한 그곳을 말이다. 원래 붙이려던 제목은 '자정 너머 일 마일'이었으나 그 표현은 내게 동화 속의 '크리스마스 너머 삼 마일'*을 너무 곧바로 연상시켰다. 그래서 제목을 '자정 너머 한 시간'으로 정하게 되었다.

나중에 이 책이 나의 저서 목록에서 사라지고 수십 년간 계속 사라져 있었던 데에는 나름의 전기적 이유들이 있다.『자정 너머 한 시간』의 산문 습작들에서 나는 자신을 위해 예술가의 꿈나라를, 미(美)의 섬을 창조했고, 그 시적 특징은 낮 세계의 풍파와 저속함에서 밤과 꿈과 아름다운 고독으로 물러나는 것이었다. 그리고 이 책은 유미주의적 특징이 없지 않았다. 빌헬름 폰 숄츠는 자신의 글에서 이 책이 마테를링크와 슈

---

* 16세기 독일 시인이자 작곡가 한스 작스의 시「게으름뱅이의 천국」에 나오는 표현. 게으른 사람들이 놀고먹으며 살 수 있는 천국 같은 곳이 크리스마스 너머 삼 마일 떨어진 곳에 있다고 한다.

테판 게오르게*에게 지대한 영향을 받았다고 평했다. 마테를링크에 관해서는 그 말이 옳았다. 나는 『빈자의 보물』과 『탱타질의 죽음』을 읽었던 것이다. 반면 내 책이 나왔을 때만 해도 나는 게오르게의 작품을 아직 한 줄도 몰랐고, 그의 첫 시들을—목자 시들이었다—몇 달 뒤에야 바젤에서 접했다. 그리고 내가 당시에 너무나도 좋아하던 마테를링크의 저 초기 작품들에서 어떤 인위적인 어스름이, 약간 병약하고 자기 자신에게 반해 버린 내향적 형식이 때때로 내게 미심쩍게 느껴졌을 때 —그것은 바로 그 위험이 나와 내 작품에도 있었던 까닭인데—곧이어 나는 이제 시작되고 있던 게오르게 숭배에서 내게 더욱 치명적인 종류의 다른 유미주의를 접했다. 비밀 결사원 같은 파토스, 오만불손한 패거리식 비교(秘敎)에 심취하는 것을 나는 처음부터 감정적으로 거부했다. 『자정 너머 한 시간』이 출간된 후 몇 달이 안 되어 집필한 단편 「룰루」에서 헤르만 라우셔가 하는 여러 발언은 이 '라우셔'가 정말이지 내게는 한 조각 세계와 현실을 획득하고, 한편으로는 세상을 겁내면서 한

---

* 모리스 마테를링크는 1911년 노벨 문학상을 수상한 벨기에의 상징주의 시인이며, 슈테판 게오르게는 19세기 말에서 20세기 초에 독일 문학계에 영향력을 발휘한 시인으로, 그를 추종하는 여러 작가와 학자로 이루어진 이른바 '게오르게 서클'을 이끌었다.

편으로는 오만한 고립에서 벗어나려는 진지한 시도였음을 알려준다. 이 길에서 다음 걸음, 건강함과 자연스러움과 소박함을 지나치다 싶을 만큼 강조한 한 걸음이 『페터 카멘친트』였다. 그 책에서 나는 실제로 일종의 해방을 발견했지만, 책이 뜻밖에 빠르고 널리 성공을 거둔 일은 내게 지나칠 만큼 해가 되었다.

　　　이제 오늘날 내가 보기에 『자정 너머 한 시간』은 나의 길을 이해하고자 하는 독자에게 적어도 라우서와 카멘친트와 똑같이 중요한 것 같다.

(1941년)

섬 꿈

물결이 부드럽게 아득히 굽이지며 내 거룻배의 둥근 뱃머리를 들어 바위에 올려놓았다. 난파를 당한 꿈꾸는 자가 노 젓는 자리를 떠나 묵묵한 육지를 향해 팔을 뻗었다. 나의 자주색 망토는 삭았고, 매끄럽고 겸허한 주름을 허리 아래로 드리웠다. 나의 팔과 나의 목은 노 젓는 일과 단식으로 여위었고, 나의 머리카락은 길게 자라 빽빽하고 풍성하게 목덜미께로 굽었다. 만(灣)의 고요한 암녹색 물속에 나의 거울상이 펼쳐져 있었고, 나는 긴 항해 동안 모든 게 달라진 나의 모습을, 더 갈색으로 그을고 더 가늘어지고 더 유연해진 모습을 보았다. 나의 뺨에는 혹독한 시간이 위험과 패배와 극복의 기념물을 만들어놓았다. 내가 상처 입은 팔다리로 나의 배를 꽉 붙들고 매달렸던 햇빛 없는 모든 아침은, 내게 바다의 심연들을 보여준 모든 폭풍은, 나의 뺨과 목에 구석구석 골골이 깊은 글씨로 새겨졌다.

하지만 나의 눈은 넓은 구멍 안에 맑게 자리잡고 있었다. 주의 깊은 어린아이 눈빛으로. 나의 눈은 많은 밤을 새우면서 영원한 별들을 찾고 솟아오르는 돛이나 물기슭이 나타날까 싶어 바다의 색색 밤들을 뚫어져라 눈여겨보았다. 나의 눈은 많은 날 동안 티끌 하나 못 보았고, 다만 미끄러져 지나가는 숲들의 초록과 먼 곳의 숨은 도시들에서 나는 연기를 멀리서 미소 어린

섬 꿈

동경을 품은 채 드물게 스쳤을 뿐이다. 그 눈이 이제 매끄러운 수면에서 나를 향해 밝고 크게 웃음을 지었다.

그리고 이제 나의 눈은 오랫동안 보지 못했던 흰 돌, 갈색빛을 띤 흙, 풀과 덤불의 광경을 만끽했다. 내게는 덤불 주위의 공기가 희끄무레한 섬세한 테두리처럼 보였다. 흙과 녹음 위에 뜬 익숙한 공기와 오래도록 떨어져 있었던 까닭이다. 나의 콧구멍은 수줍은 쾌락을 느끼며 풀밭과 맨땅의 풍성한 보드라운 향내를 들이마셨고, 나의 발은 단단한 지상의 멋진 땅을 힘차면서도 조심스레 밟았다.

한 줄기 바람이 육지에서 내게로 나른히 불어왔다. 바람은 숲속 풀의 냄새와 멀리 떨어진 정원들의 은은한 향기를 실어 왔다. 이에 나는 달콤한 희열에 젖어 바람을 향해 멀리 두 팔을 뻗고 그 부드러운 숨결이 나의 손가락과 손을 따라, 칼로 에는 듯한 바닷바람에 익숙해 있던 나의 관자놀이를 스쳐 흐르는 걸 느끼며 즐거워했다.

나는 내 회색 보트를 모래밭으로 끌고 갔고 나의 꽉 움켜잡는 손길에 번들번들해진, 둥글게 나온 단단한 뱃전 한 부분을 오른손으로 쓰다듬었다. 그러고는 육지 쪽으로 높은 덤불까지 한가로이 걸어갔다. 덤불은 마치 장벽처럼 고리 모양으로 빽빽하게 서 있었고 나의 시선이 닿는 곳보다 더 멀리 뻗어 있었다. 나는 초록색 덤불을 따라 걸어가며 금록색 빛들을 짜 넣은 따뜻하고 푸르스름한 그늘에 기뻐했다. 나의 걸음은 부드러운 풀이 자라는 풀밭을 지났다. 풀이 점차 높아지며 비단결 같은 꽃으로 나의 무릎을 건드렸다. 이 초원은 밝은 햇빛 속에 있었는데, 내가 따라 걷는 가장자리만은 높은 덤불들이 드리우는 한결같은 그늘 띠로 둘려 있었다.

내가 계속 걸어가며 부드러운 피로감이 나의 무릎을 살짝 사로잡는 동안 왼쪽에 덤불 속으로 들어가는, 대문과 비슷한 좁은 입구가 나타났다. 초록빛 어둠 속으로 조가비 오솔길이 가로질렀고 배경에는 수관(樹冠)이 우뚝 솟아 있었다. 하지만 인위적으로 감아놓은 꽃 사슬이 통행을 금지했다. 나는 한동안 서 있었고, 나의 눈은 섬세한 어스름 속에서 미역을 감으며 은은한 빛깔들의 단계적인 변화를 즐겼다. 담녹색 덤불부터 맨 안쪽 아담한 숲의 반쯤 보이는 비밀들까지 초록이 무수한 농담으로 녹아들어 있었다. 눈은 차차 짙어지는 어둠을 가장 멀리 떨어진 갈색 숲 빛깔까지 탐욕스레 좇다가 새로운 의욕을 품고 햇빛 비치는 풀밭의 노르스레한 빛으로 돌아왔다.

나는 유쾌하게 들뜬 마음으로 머리가 둥근 기둥들에서 꽃 사슬을 풀어 입구를 열고서 붉고 흰 꽃을

엮은 그 사슬을 목과 허리에 감았다. 마치 여름 축제를 위해 치장한 것 같았다. 그러고는 신중한 걸음으로 희미한 어둠을 향해 나아갔다. 나는 우거진 수풀에서 정확히 원형으로 잘라낸 곳을 발견했다. 어린나무 줄기들과 덤불들이 빽빽한 벽을 이루고 있었고, 좁은 오솔길 역시 야생의 수풀을 인위적으로 베어서 낸 것이었다. 늘어진 나무들의 우듬지를 통해 갈색과 초록색 빛이 내려왔다. 둥근 숲속 빈터에는 밝은 모래가 뿌려져 있었고, 대리석으로 만든 좁은 반원형 벤치 두 개가 마주 보고 있었다. 숲속의 깊은 고요가 그 위에 내려앉아 있었다. 나는 몸을 돌려 오솔길을 따라갔고, 길은 아담한 숲의 깊은 곳으로 이어졌다. 나의 고개는 익숙지 않은 향기로 무거워졌고, 피가 빠르게 흐르며 울리는 소리가 들렸다.

한동안 걸어가자 무릎이 더욱 무거워졌고, 쉴 곳이 간절했다. 그사이 길이 굽으며 넓어졌고, 양쪽에서 숲 벽이 빠르게 물러나며 밝은 공간이 드러났는데 넓게 펼쳐진 그 모습이 정원처럼 보였다. 자주 덤불로 둘린, 넓고 좁은 많은 길들이 잔디밭과 화단을 휘감았고, 화단에는 장미와 색색의 다른 꽃들이 화려하고 풍성하게 잘 가꿔진 채 갈색 잎 없이 피어 있었다. 평평한 정원의 한가운데에서 나는 오래된 나무의 고상한 무리를 보았고, 그 뒤로 대리석으로 지은 건물, 궁전 혹은 신전이 어스레한 흰빛 속에서 모습을 드러냈다.

큰 사이프러스나무들의 그늘로 완전히 덮인 낮은 벤치 하나가 내 마음을 끌었다. 나는 부드러운 잔디에 앉아 팔짱을 낀 채 벤치의 돌 좌석에 고개를 기댔다. 고요한 밤 이따금 노 젓는 자리에 눕던 것처럼. 나는 경이로운 푸름을 띤 광활한 하늘과 몇 안 되는 순백의 작은 솜털 구름이 평온하게 멈춰 있는 모습을 올려다보았고, 그러고 나서 눈을 감고 눈꺼풀을 파고드는 가물대는 붉은 빛을 즐겼다. 이어서 잠의 신이 내 위로 몸을 숙여 고맙게도 나의 지친 팔다리를 녹여주었다.

나의 영혼이 꿈속에서 나래를 폈다. 어제와 그저께의 영상들이 깨어나 새로운 공포 혹은 슬픔을 가져왔다. 바다가 물결을 채찍질하며 나의 배로 쇄도했고, 하늘은 폭풍우 속에서 성을 냈다. 그리고 소리 없는, 오래 갈구하던, 참기 힘든 고독이 하늘보다 강력하게 나를 덮고 있었다. 그 너머로 펼쳐진, 내가 뿌리치고 떠나온 육지와 소음 가득한 도시들. 지친 메아리, 반쯤 사라진 향기, 반쯤 잊힌 청춘 노래—그렇게 오물과 소음 속에 아름다움과 예술의 희미한 빛이 부어져 있었다. 나는 그곳에서 얼마나 자주 그 겁먹은 빛의 불안한 반영들을 보았으며, 얼마나 그것들과 함께 떨었으며, 얼마나 그것들과 함께 괴로워했던가! 더 멀리에는 고풍스럽게 밝은 하늘과 더불어 내 유년 시절의 봄들이 놓여 다정한 향기로 나의 마음을 건드렸다.

　　　　나의 꿈은 가벼운 날갯짓으로 내 삶의 뒤얽힌 오솔길 위를 날아 첫 해돋이들까지 돌아갔고, 내가 처음 오른 산들 위에서, 그리고 내 아버지의 집 위에서 과거의 우울에 잠겨 오래도록 떠 있었다.

　　　　태양이 사이프러스 벽의 가장자리 위로 솟아 나의 잠든 눈을 뜨거운 빛으로 비추었다. 나는 고개를 들고 깨어나 깊은 하늘과 초록색 정원 땅의 새로운 모습을 보았다.

　　　　밝은 목소리들이 귓가에 울렸다. 내가 듣기에는 들뜬 외침으로 자신의 즐거움을 알리는 사람들의 목소리였다. 목소리에는 순수하고 바다처럼 깊은 금속성의 바탕이 있었다. 내가 사람에게서 들은 적 없는 그것은 신선한 샘물이 자연 그대로 처음 떨어지는 소리를 연상시켰다. 불결함을 전혀 알지 못하고 삶과 자신의 아름다움에 대한 즐거움으로 가득했다. 우리의 영혼이 옛 황금시대의 인류와 슬픈 대화를 나눌 때마다 우리가 이루 말할 수 없이 갑갑한 가운데 들린다고 여기는 강하고 달콤한 어조가 그 안에 있었다.

　　　　나뭇가지가 이룬 넓은 부채를 조심스레 가르

는 동안 나는 날씬한 몸을 가진 젊은 여인들 무리가 황금 입힌 공을 쟁탈하는 광경을 보았다. 여인들은 두 편으로 나뉘어 그 빛나는 장식품을 차지하려 우아한 전쟁을 벌이고 있었고, 한 소녀가 웃으면서 재차 그들의 머리 위로 공을 던져주었다. 그들은 밝고 낙낙한 옷을 입고 머리카락은 대개 하나로 묶어 틀어 올렸다. 나는 그들이 몸을 굽히거나 고개를 완전히 뒤로 젖히고 공중에서 떨어지는 장난감을 주시할 때 드러나는 목과 목덜미의 순수한 선들을 보았다. 금색이나 흰색 샌들 띠가 교차하는 복숭아뼈에서 움푹 들어간 곳의 섬세한 모양을 보았다. 달릴 때 앞으로 숙이는, 움직이는 날씬한 몸들을, 그리고 상의의 부드러운 주름 위로 자주 내뻗는, 조금 붉은 기가 도는 아름다운 팔들을 보았다.

돌연 내 머리 위에서 우듬지가 떨리는 소리가 들리더니, 황금 공이 내 옆의 잔디에 사뿐히 떨어졌다. 나는 공을 집었고, 나의 심장이 커다란 위험이나 커다란 행운을 뜻밖에 직면한 사람처럼 급하게 고동치기 시작했다. 공놀이하던 여인들이 어느새 나의 은신처를 향해 서둘러 다가왔다.

나는 덤불을 뚫고 나가 오른손으로 공을 높이 든 채 밝은 무리 앞에 마치 유령처럼 서 있었다. 내가 공중으로 공을 던졌지만 그들은 떨어지는 공을 피하고는 놀란 눈으로 낯선 자 앞에 그대로 서 있었다. 내가 다가가자 무리가 갈라지면서 내가 지나가도록 길을 넓게 터주었다. 눈을 든 나는 한 고귀한 여인이 가까이에서 나와 마주 보고 서 있다는 걸 깨달았다. 가장 아름다운 여인, 다른 이들의 여왕이었다.

나는 시선을 바닥으로 떨구고 그녀에게 절했다. 흰색 드레스가 장중하게 주름 잡히며 그녀의 무릎에서 길게 물결쳤고, 그녀를 둘러싼 순결함과 위엄이 얼마나 대단했던지 갑자기 나는 마음이 움츠러들고 온통 부끄러워졌다. 내가 지나온 모든 그릇된 길, 내가 행한 모든 신성 모독, 나의 동요하는 삶의 모든 추함과 병폐가 함께 무겁게 의식되었고, 모든 영광과 긍지가 내게서 떨어져 나갔다. 나는 무릎을 꿇고 수치와 굴종 속에서 고개를 숙였고, 그때 그녀가 순수한 목소리로 말했다. 그녀의 목소리는 나머지 여인들의 목소리보다 더 풍성하고 화려했으며, 어조가 품위 있으면서 높아서 나의 두려운 마음을 깜짝 놀라게 했다. "여기에 무슨 볼일이 있나요, 나의 친구여, 그리고 우리에게로 오는 길을 어떻게 찾아냈나요?"

내가 눈을 들자 진지하게 나를 내려다보는 커다란 눈이 보였다. "나는 적대적인 바다 위에서 백번의 고독한 밤낮을 거쳐, 백 가지 걱정과 불안한 야경(夜警)

을 거쳐 당신에게로 가는 길을 찾아냈어요. 나의 팔은 항해로 고생해서 수척해졌고, 나의 손은 상처를 입었어요. 나는, 당신의 나라에서 나서 당신이 내 요람에 놓아준 자포를 입고 있지요. 하지만 나의 손은 더러워졌고 나의 눈은 역겨움으로 가득해졌으며, 나는 지쳤고 더 이상 자포를 입을 자격이 없어요. 자포는 즐거운 손과 복된 눈을 위한 것이니까요. 그래서 이걸 돌려드리려고 온 거예요."

"왕의 차림이 당신에게는 그토록 가치가 없나요?" 여왕이 묻고는 진지한 눈빛을 다시 움직임 없이 내게 붙박았다. "나는 당신을 잘 알아요, 지친 자여. 나는 당신의 삶 위에 있었고, 당신의 어린 시절 동경에게 푸른 산들에 대해, 그리고 당신의 소년 시절 경건함에게 신들에 대해 이야기해주었죠. 나는 당신의 예감에게 아름다움의 영상들과 비유들을 여러 번 보여주었어요. 내가 당신에게 기도하는 법을 가르친 신전들을 파괴하고, 내가 당신에게 출입문을 알려준 사랑의 정원들을 욕보인 건 당신이 아니었던가요? 내가 당신에게 부르는 법을 가르친 노래들을 길거리 유행가로 바꿔버리고, 내가 당신에게 건넨 기쁨의 잔들을 악용하여 술에 취한 건 당신이 아니었던가요?"

"그랬죠. 당신이 내게서 멀리 있을 때마다 나

는 길을 잘못 들었죠. 나는 자주 열망하며 당신을 향해 팔을 뻗었고 당신을 부르며 내 새파란 청춘의 모든 존경스러운 것을 소환했어요. 하지만 당신은 내 바람을 들어주지 않았고, 삶은 죽은 채로 내 옆을 굴러갔어요. 이에 나의 마음은 절망하고 자신의 신들을 저주하고 모든 높은 곳에서 떨어졌어요. 이제 나는 넘어지고 다시 일어나는 데 지쳤어요. 당신이 준 선물을 다시 가져가세요, 이걸 더 단단한 어깨에 둘러주세요, 그리고 내가 다른 이들처럼 되게 놔두세요!"

여왕이 옆을 바라봤다. 나는 묘하게 친숙해 보이는 그녀의 얼굴을 과감하게 슬쩍 쳐다보았고 그 위에 어린 미소의 그늘을 보았다. "놀랍군요." 그녀가 말했다. "이렇게 용기가 없는 사람이 우리 섬으로 오는 고생스러운 길을 찾아냈다니 말이에요."

"용기가 없는 게 아니에요, 나의 여왕이여! 삶의 역겨움이 나를 내몰았고, 도시들의 연무와 그 신전들의 소란스러운 쾌락이 나를 밀쳐냈어요. 당신의 모습을 보려는 나의 열망은 항해 중에도 날마다 커졌죠. 노동과 위험은 나를 거칠게 만들었고, 고독은 떠나 온 삶의 연무로부터 내 눈을 해방해주었어요. 그리고 부드러운 언덕이 있는 당신의 나라가 더 푸른 바다들에서 서서히 생겨나는 걸 봤을 때, 나의 젊어진 가슴은 새롭고 유쾌한 긍지를 배웠어요. 당신의 땅에 발을 디뎠을 때, 나는 기도하는 자의 팔을 저 경이들을 향해 뻗었고, 다시 태어난 자가 되어 당신의 숲을 지났어요. 참으로, 나는 자포를 어깨에 더 단단히 둘렀는데 나의 걸음은 참회자의 걸음이 아니었죠. 저 우거진 수풀 뒤에서 나는 풀밭에 몸을 뻗고 누워 당신의 여인들이 노는 소리를 엿들었고, 나의 가슴은 심하게 고동쳤어요. 하지만 나의 눈은 당신의 모습을 견디지 못했어요. 당신의 순결함 앞에서 나의 무가치하고 병든 모든 점이 나를 엄습했어요."

"일어나요!" 이제 그녀가 자애롭고 깊은 어조로 말했다. "그리고 나한테 답을 재촉하지 마요. 나의 손님이 되어 다시 나의 지배 아래서 살려고 해봐요!" 나는 확신 없는 눈빛으로 몸을 일으켰다. 가장 아름다운 여인은 나의 왼손을 잡더니 기다리는 여인들에게로 나를 이끌었다. "내 친구들에게 인사해요." 그녀가 말했다. "그리고 이 중에 아는 사람이 없는지 봐요."

그때 나의 눈에 무언가 기이한 일이 일어났다. 내가 기탄없이 인사하며 아름다운 형상들 사이로 갈 때였다. 아는 눈들이 사방에서 나를 바라보았고, 나는 내가 다른 시절에 이미 보았던 동작들과 눈빛들을 발견했는데 이상하게도 그 아름다운 여인들의 이름은 말할 수가 없었다. 점차 나는 몇몇 이를 알아보면서 내가 알고 경탄했던 모든 아름다운 여인들이 여기에 모여 있음을 곧 깨달은 것도 같았다. 그리고 나는 언젠가 내 눈에 각각의 여인을 매력적이고 다른 이들과 구별되게 하고 다른 이들보다 아름답게 돋보이게 한 바로 그 희귀한 특징들을 통해서만 한 사람 한 사람을 식별할 수 있었다. 여성의 아름다움을 봄으로써 소중하고 사랑스러워졌던 내 삶의 모든 순간이 이곳에서 찬란하고 완전한 모습들 속에 불멸하며 살아 있었다. 이 여인들 중에서 누구 하나를 나머지 여인들보다 더 좋아하거나 덜 좋아할 수는 없었고, 유일무이한 여왕만이 이 다양한 특별한 아름다움들을 자신의 완전한 몸과 얼굴의 형상에서 경이롭게 하나로 합쳤다. 나는 그 얼굴의 위엄과 사랑스러움이 그 어떤 모습과 찬미보다 숭고하다고 생각했다. 그리고 조용하고 친근하게 나의 눈과 마주칠 때 그녀의 눈은 내가 잃어버리고 울며 그리워하는 모든 수줍은 희열과 더불어 내 첫사랑의 봄을 내 안에 깨웠다.

  밤은 검은 원으로 정원을 더 꼭 둘러쌌다. 밤은 남국의 밤처럼 신속하고 위압적으로 찾아왔다. 언덕과 숲과 덤불이 차례로 가라앉더니 마지막에는 가까이에 있는 것들이 빠르게 소리 없이 모습을 감추고 돌연 비밀의 왕국으로 사라졌다.

나는 개방된 홀의 넓은 반원 안에서 여왕의 발치에 앉아 있었다. 박명의 먼 하늘에서 흡사 파수꾼처럼, 무거운 기둥들이 순수하고 차분하게 두드러졌다. 두 개의 붉은 불길이 입구의 석조 화로에서 불탔고, 우리 머리 위로 네 개의 불꽃이 있는 은빛 등이 매달려 있었다. 삼면에서 무거운 밤공기가 들어와 좋은 냄새가 나는 기름의 향을 굼실굼실 싣고 갔다. 낮에는 궁전과 정원 안까지 그 소리가 닿지 않는 바다가 큰 리듬으로 소리 죽여 노래했다.

여인들의 노래가 멈춘 지 얼마 안 되었고, 공중에는 장중한 멜로디의 미세한 반향이 아직 남아 있었다. 나는 작은 오현 류트를 받았고, 기다리는 이들의 눈이 나의 입에 붙박여 있었다. 나는 눈을 감고 밤의 향기를 들이마시고 내 머리카락을 부드러이 스치는 밤바람을 느꼈다. 나의 가슴은 애달픈 행복으로 가득했고, 노래를 시작할 때 나의 목소리가 떨렸다. 나의 손가락이 가는 현을 건드렸다. 나는 노래하지 않은 지 오래였는데, 시의 박자와 억양이 매혹적으로 새로이 나의 머리에 떠올랐다.

나는 어느 지나간 여름에 대해 노래했다. 내 소년의 눈이 처음으로 한 젊은 여인의 자태와 걸음걸이에 붙박여 있던 그때를. 그리고 늦저녁에 대해 노래했다. 보리수 향기가 부풀어 오르던 그때, 나의 애달픈 열망이 검은 연못 위로 격렬하게 노를 젓던 그때, 내가 벤치와 길과 층계를 찾아가고 불안한 먼발치에서 낮의 날씬한 고운 자태를 바라보았던 모든 장소를 찾던 그때를. 그리고 날들에 대해 노래했다. 나의 사랑이 나로 하여금 뜨거운 말을 타고 긴 방황을 하게 만들던 그때를. 나는 풍성하게 만개한 장미 덤불을 추억하고 재스민 향기로 가득한 그늘진 통로를 찬양했다.

여인들 중에 어떤 이는 미소를 짓고, 어떤 이는 휘둥그런 눈으로 진지하게 나를 바라보았다. 제일 아름다운 여인을 향해 시선을 돌렸을 때 나는 푸르스름한 넓은 눈꺼풀이 그녀의 눈을 덮고 있는 것을 보았고 귀여운 입과 고운 뺨이 은은한 봄 빛깔을 띤 것을, 그리고 매끈한 이마가 곱슬곱슬한 금발로 유쾌하게 그늘진 것을 보았다. 나는 내 첫사랑의 모습을 발견했다. 이따금 내가 좋아하는 꿈들에서 나타나듯, 아름다우며 기억과 향수에 홀린 모습. 나의 가슴은 흥분했고 다른 시절의 노래들과 동경들로 무거웠다. 나는 여왕의 손을 건드렸다. "기억나나요, 사랑스럽기 그지없는 여인이여?"

그녀가 미소를 지으며 눈을 떴다. "말해봐요, 당신은 다른 누구보다 행복하지 않았었나요?" 나는 가벼이 고개를 끄덕였고 엘리제의 입술인 그 입술에서 눈을 뗄 수가 없었다.

"또한 감사하지 않았었나요?" 이 말에 나는 슬퍼졌고 고개를 다시 숙여야만 했다. 그녀가 한 여인에게 손짓했고, 그러자 여인이 화려한 기교로 은을 두들겨 만든 크라테르*를 들고 와 가벼운 잔에 달콤한 포도주를 채웠다. 그녀는 그 우아한 잔을 집어 친절히 내게 건넸다. "지금 당신에게는 휴식이 필요해요. 마시고 누워서 자요. 손님인 당신이 편히 쉬도록 당신의 잠을 지켜줄게요."

나는 포도주를 마시고 친절한 여인에게 감사하는 마음으로 악수를 청했다. 아름다운 시녀가 널찍한 궁전 내부로 나를 이끌더니 방 하나를 열어주고 매달린 등에 불을 붙이고는 떠났다. 방은 적당한 크기였고 높은 곳에 창구멍이 나 있었다. 한가운데에 낮고 간소한 침상이 마련되어 있었다. 나는 몸을 누였고 다락 높이에 벽을 따라 둘린 가느다란 프리즈*를 보았다. 거기에는 반부조로 표현된 지혜, 중용, 정의, 용기 같은 미덕이 아름다움을 섬기며 제물을 바치고 있었다. 그 그림들의 부드럽고 고상한 형태는 나의 들뜬 감각을 차분함과 단

* 고대 그리스에서 포도주를 물과 섞는 데 사용하던 용기.
★ 건축물의 외부나 내부 표면에 붙인 띠 모양의 장식물.

순함으로 덮어주었고 부유하는 꿈속 영상들이 되어 나의 감각을 잠 속으로 데려갔다.

이른 아침에 기운차고 쾌활한 상태로 깨어났을 때, 내 몸 위로 숙인 밝은 얼굴이 보였다. 흐릿한 색의 긴 머리카락이 얼굴을 완전히 감싸고 있었다. 나의 가슴은 이 아름다운 모습을 알아보고는 기다리는 여인에게 인사했다. 아직 그 조용한 발걸음이 몇 시간이고 내 옆에서 아담한 숲과 풀밭을 지나던 때 그녀가 지녔던 이름을 부르며. "게르트루트 부인!"

"따라와요." 그녀가 외치며 청했다. "우리가 평소 걷던 길들에 같이 가봐요." 궁전 뒤편에 궁전보다 훨씬 높이 솟은 아담한 플라타너스 숲이 있었다. 오래된 플라타너스나무가 친구들처럼 둘씩 짝짓고 무리 지어 나뉜 채 서 있었다. 게르트루트 부인이 내 옆에서 구불구불한 보도를 걸어갔다. 그런데 그 길과 숲은 우리가 옛날에 즐겨 소요하던 길이며 숲과 완전히 흡사했다. 가슴이 찡했고 가벼운 비애에 젖은 새소리와 바람 소리가 들려왔다. 똑같은 잔디밭을 한때 나의 발이 지났었고, 똑같은 새소리와 바람 소리가 한때 나의 귀에 들려왔었다. 그때가 어제였는지 혹은 잊혀버린 오랜 세월 전이었는지는 거의 알 수 없었다.

"이 나무를 아나요?" 게르트루트 부인이 물으

며 한 플라타너스의 얼룩진 줄기에 손을 댔다. 가장 나이가 많고 가장 높은 까닭에 그 시절 우리가 '아버지'라 불렀던 나무였다. "이 초록과 노랑, 그리고 이 길들과 덤불들도 기억나나요?" 나는 마음이 편안하고 나른해졌다. 내가 조용히 고개를 끄덕였다.

"당신의 늦여름 꿈!" 그녀가 말했다. "당신의 총아! 당신이 그 꿈에 대해 지은 노래들, 당신이 그 꿈을 향해 향수를 느꼈던 날들, 그 꿈이 넓은 날개를 달고 당신을 찾아왔던 밤들, 당신을 둘러싸고 있는 건 당신 자신의 기억과 동경이에요."

나는 게르트루트 부인의 갸름한 손을 잡았고 예전처럼 그 고상한 모양과 흰빛에, 창백하게 난 핏줄에, 여린 손가락의 연붉은빛에 호감을 느꼈다. "기억나나요?" 게르트루트 부인이 물었다. "늘어진 라일락 가지들 아래에서의 그 첫 한낮이?"

"기억나요. 당시의 모든 게 다 기억나요. 당신이 얼마나 내게 위안과 조언을 주었으며 먼 곳의 어머니를 연상시켰는지. 나는 병들고 길을 잃은 처지였고, 그때 당신은 내 안에서 아직 경건하고 경외심 품은 무언가를 깨워줬어요. 당신은 잃어버린 아름다움을 다시 찾고 찬란한 순간들 속에서 아름다움을 알아차려 젊어지는 법을 내게 가르쳐주었지요."

"나의 친구여, 한때 당신은 나에 대한, 그리고 당신의 행복에 대한 노래를 하나 만들려고 했죠. 기억나나요? 당신의 밤낮은 생겨나는 그 노래로 가득했고, 당신은 드물고 귀중한 모든 걸, 아직 어떤 예술가도 발견하지 못한 빛들과 음들을, 아직 어떤 시인도 말하지 않은 사랑의 말들과 경외의 말들을 부지런한 사랑으로 찾아다녔어요. 주위를 둘러봐요! 당신의 온 노래가 기대치 않게 완성된 채로 여기 있어요. 고상한 무리를 지은 나무들과 덤불들, 황금색과 갈색을 띤 빛들, 선택받은 숲속 새들의 노래가. 그리고 또 날 봐요! 그때만 해도 사소하고 우연하고 인위적이던 것은 내게서 사라져버렸어요. 당신이 여기서 보는 것, 이것들 전부가 모든 현실보다 더 아름답고, 모든 현실보다 더 현실적이에요. 바람의 나지막한 억양 하나하나를 귀담아듣고, 흐리지 않은 눈으로 나뭇잎의 온갖 빛깔을 만끽하고, 이 모든 게 당신만의 것이 되게 해요! 먼 곳에서 당신은 밤에 깨어나 더 이상 당신 내면의 눈으로 지배할 수 없는 모든 소리와 모든 그림자를 고통스럽게 그리워할 거예요. 하지만 그러고 나면 숱한 길에서 당신의 노래가 당신에게 다가올 것이고, 당신의 첫 노래들의 희열이 당신을 엄습할 것이고, 낯선 것이 낯선 것과 결합할 것이고, 당신의 작품은 성장하고 점점 더 큰 생명을 얻을 것이며, 마지막에 가선 어느 고요한 시간에 작업실을 벗어나 완성되고 순수하고 듣기 좋은 모습으로 당신 앞에 서 있을 거예요."

게르트루트 부인이 침묵하며 다시 자신의 손을 나의 손에 놓았다. 멀리 떨어진 인공 분수의 콸콸 소리가 시원하고 친근하게 우리에게로 울려 왔다. 저 위 높은 곳에서 큰 새 한 마리가 플라타너스 우듬지들로 에워싸인 둥근 하늘을 날갯짓 없이 천천히 미끄러지듯 지나갔다.

다른 날 나는 첫 새들이 노래하기도 전에 일찍 일어났다. 밤사이 비가 약하게 내렸다. 땅은 아직 축축했고 시금떨떨한 향을 풍겼다. 나뭇잎에는 맑은 물방울이 맺혀 있었다. 매 걸음과 호흡마다 나는 내 안에서 젊음과 건강을 느꼈다. 저 먼 곳들과 힘차게 푸른 하늘은 명랑하고 순결한 모습을 하고 있었다. 내가 사내아이였고 사랑과 피 끓는 열정의 예감이 나를 휘몰아대기 전인 옛날에만 땅은 이렇듯 여유롭게 유쾌한 얼굴을 내게 보였었다.

나는 거의 가꾸지 않은 숲길을 택했고 길은 곧 오래된 산림의 가운데를 향하며 점점 더 거칠어졌다. 무거운 바람이 오래된 참나무들의 수관 위로 불었다. 참나무들은 굽이굽이 휜 가지들을 뻗어 질식한 소관목 너머로 서로를 휘감으며 일치단결한 거인족으로서 공간과 밝은 빛을 향해 솟아 있었다. 나는 검은 숲 바닥에서 오솔길을 가로지르며 찍힌 작고 선명한 발굽 자국을 자주 발견했고, 한번은 가까운 우거진 수풀의 어스름 속에서 수사슴의 고상한 머리가 늘씬하고 왕처럼 당당하게 쳐든 채 돌아가는 모습을 본 것 같았다. 나는 엿보고 엿들으며 이따금 숨을 죽이고 오래도록 가만히 서 있었다. 자주 흥분하고 속고 마는 나의 감각들에 숲이 환영과 말 없는 기적으로 가득 찰 때까지. 넓은 개울이 돌과 이끼 위로 콸콸 흐르며 불쑥 나타나는 골짜기를 향해 내려갔다. 폭포로 둥글게 덮인 개울 바닥 깊은 곳에서 겁 많은 송어들이 소리 없이 어둡게 헤엄치다가 내 그림자가 그들의 은신처 위를 스치기만 해도 곧장 어두운 번개처럼 사라졌다.

유쾌하게 돌격하는 개울물을 따르다보니 부지중에 잘 알려진 골짜기에 이르렀다. 그 어귀에서 나는 앞으로 튀어나온 언덕을 돌아 개울을 벗어났다. 개울은 다른 쪽으로 나아갔고 금방 조용한 물소리만 속삭였다. 어린 너도밤나무 군락이 서서히 듬성해지다 마침내 완전히 물러났고 은밀한 느낌을 주는 광경이 시야에 들어왔다. 언덕 여러 개가 넓은 풀밭 골짜기를 향하여 숲으로 덮인 줄기를 뻗어내고 있었다. 내 앞으로 높은 갈대 속에 어두운 연못이 있었다. 내가 사내아이일 적에 한낮의 많은 시간을 머물던 곳이었다. 가지 없이 수척한 줄기와 높은 듬성듬성한 수관을 지닌 활엽수 몇 그루가 갈색빛이 어린 수면에 완전히 비쳤다. 생애 첫 꿈들이 갈대가 자란 이 물가의 움직임 없는 수면에 비치며 소년 시절 내 영혼의 깊은 곳을 지나갔었다. 이 친근하게 진지한 고독은 기이하리만큼 두서없는, 시인의 첫 상념들을 내 안에 불러일으켰었다.

     나는 오른손으로 손차양을 하고 그 온화한 색들을, 그리고 정적을, 그리고 마치 내가 다른 시절 좋아했던 장소들에 두고 온 듯한 평화를 빨아들였다. 갈대 줄기와 갈댓잎의 마른 끝부분이 생기 없는 소리를 내며 불규칙적으로 움직였고, 이 소리로 인해 더더욱 정적을 느낄 수 있었다. 저쪽 물가의 따스하고 축축한 땅으로부터 옅은 수증기가 솟았고, 이 수증기 때문에 더 멀리에 있는 언덕들이 밝은 하늘과 결합되어 부드러운 먼 곳이 되었다. 그리고 가장 가까운 언덕 등성이들 위로 수도원 성당의 가느다란 탑이 짧고 뾰족하게 솟아 있었다. 그곳에서 곧 순수한 종소리가 울리기 시작했다. 긴 종소리는 온화하게 물결치며 내 위로 흘러갔다.

     언덕 너머에 수도원이 있는 걸 나는 알고 있었다. 그곳에서 오늘과 내일에 관해 생각하는 법을 처음

배웠고, 지식의 씁쓸한 달콤함과 숨겨진 아름다움의 더 달콤한 예감들을 처음으로 맛보았다. 그곳에서 나의 민감한 감각은 나의 생각 위로 높고 장엄하게 존재하던 모든 위대한 이름을 들었다. 페리클레스와 소크라테스와 페이디아스*라는 위대한 이름을, 그리고 호메로스라는 더 위대한 이름을.

   나의 정신은 홀들의 궁륭과 회랑의 고딕식 창들이 앞에 있는 걸 똑똑히 보았고, 나는 그것들을 다시 보며 아픈 쾌락을 맛보려는 욕구에 강하게 끌렸다. 그러나 나는 그대로 있었다. 나는 내면의 영상을 망가뜨릴까봐 두려웠다. 나는 꿈속 고향과 같은 그곳에 다른 이들이 가는 걸 보기가 두려웠다. 태양이 탑 꼭대기에서 번뜩였다. 언덕 등성이들이 이곳과 그곳 사이에, 나와 저 가라앉은 어스름 사이에 선명하고 진지하게 자리 잡고 있었다. 나는 인사를 하며 손을 뻗었고 속으로 감동했다. 나의 한 부분이 그곳에 묻혀 있었다. 펼쳐지지 못한 충동들과 구원받지 못한 청춘 시절 꿈들은 이 얼마나 충만한가!

   좁은 판자 다리가 연못 안으로 뻗어 있었다. 나는 그 흔들리는 구조물 위를 걷고 평소 자주 하던 것

---

* 기원전 5세기에 활동했던 고대 아테네의 건축가이자 조각가.

처럼 난간 위로 몸을 숙였다. 나의 거울상이 물속에 고요히 떠 있었다. 나는 당시에 똑같은 깊이에서 나를 바라보던 얼굴을 떠오르게 하는 특징들을 이 거울상에서 찾아보았다. 그런 다음 그 고요한 곳을 떠나 천천히 숲을 지나 돌아왔다.

 정원에서 나는 여왕이 자신의 여인들과 둥글게 앉아 있는 걸 발견했다. 향기 나는 황금빛 과일들로 가득한 쟁반이 손에서 손으로 옮겨 갔고, 이 놀이를 하는 여인들은 각자 그 과일들에 대해 한마디 말을 해야만 탐스러운 과일 하나를 맛있게 먹을 수 있었다. 쟁반은 이제 막 작은 흑발 여인의 조그만 손에서 흔들리고 있었는데, 그녀가 앉은 자리 뒤에 방금 도착한 나의 모습은 아직 협죽도에 숨겨져 있었다. 작은 여인은 검은 곱슬머리가 난 밝은 목덜미를 보이며 예쁜 쟁반 위로 몸을 숙이고 신중한 눈으로 가장 잘 익은 과일을 찾고 있었다. 여인이 두 손가락으로 꼭지를 잡고 과일을 집어낸 후 경탄하며 그걸 머리 위로 들고는 자신의 탐욕스러운 입으로 천천히 가져갔다. "그이는 여기 없으니까요." 그녀가 웃으며 말했다. "내가 달콤한 과일을 줄 유일한 사람 말이죠. 나의 시기심은 이 가장 좋은 걸 다른 이에게 넘겨주는 걸 허락하지 않아요." 이렇게 말하고는 달콤한 과육을 한입 양껏 깨물었고, 그때 내가 막

섬 꿈

나뭇가지에서 나왔다.

내 맞은편에 앉아 처음으로 나를 발견한 여인들이 경쾌한 웃음을 터뜨렸다. 매번 옆 사람이 다음 사람에게 나를 가리켰기에 웃음은 원의 양쪽으로 계속 이어져 내 앞에 앉은 여인에게까지 이르렀다. 이 여인은 여전히 왼손에 쟁반을 든 채 의아해하며 원 안을 둘러보고는 영문을 모르면서 함께 웃더니 마침내 일어나서 몸을 돌렸고, 그러다 화들짝 놀라 금세 얼굴이 붉어지며 깨문 과일로 나를 건드렸다. 하지만 곧이어 급히 정신을 차리고 용감하게 "여기요!"라고 말하며 내 입 앞에 과일을 들이댔다.

"먼저 한마디해요!" 여왕이 명랑하게 일렀다. "여러분의 과일 가운데 가장 맛좋은 이것은," 내가 빠르게 말했다. "나에게 행운의 호의를 보여주는 표시이며 이걸 물리친다면 내게 화가 찾아오겠죠. 그러니 이걸 내게 줘요. 그리고 나보다 앞서 이 과일을 맛본 용감한 여인을 포르투나라고 부르도록 허락해줘요. 티비*, 포르투나!"

그사이 점심때가 되었고, 우리는 뜨거워진 태양을 피해 홀 안으로 돌아갔다. 과일 외에 빵과 꿀, 주전

---

* Tibi. '당신을 위하여'라는 뜻의 라틴어.

자에 든 우유와 돌단지에 든 포도주가 날라져 왔다. 우리는 대야로 서로의 손을 씻어주고 즐겁게 식탁에 앉았다. 내 옆에 포르투나가 앉아 있었다. 그녀는 잔뜩 놀림을 받고 우스꽝스러운 애칭으로 불렸으며, 씩씩하게 재잘거렸다. 하지만 여인들 중 하나가 반진담으로 내 삶의 이야기들을 말하기 시작하자 포르투나는 침묵하며 귀를 기울였고 나 역시 그리했다. 대부분의 이야기는 웃음과 새로운 이야기로 자주 중단되었다. 여왕도 여기에 동참했다.

"기억나나요?" 여왕이 나에게 말했다. "당신이 어린 시절에 들은 블롱델* 이야기 말이에요. 시인들은 인생의 첫 시절을 다른 이들보다 더 잘 기억하는 재능을 부여받았죠. 아직 기억한다면 우리한테 그 얘기를 좀 해줘요."

내가 긴 세월 동안 생각하지 않던, 내 첫 소년기의 사건이 불현듯 내 눈앞에 마치 수줍어하는 아이의 모습처럼 다시 또렷이 나타났다. 그리고 나는 이야기했다. "내가 아직 어리고 여섯 살도 안 됐을 때, 언젠가 어딘가에서 가인(歌人) 블롱델의 이야기를 듣게 되었죠. 나는 아마 그 이야기를 잘 이해하지 못한 것 같고 금방

---

* 중세의 음유시인 블롱델 드 네슬을 가리킨다.

잊어버렸지만 블롱델이라는 부드럽고 친근한 이름이 기억에 남고 무척 근사하고 듣기 좋게 여겨진 나머지 나는 자주 그 이름을 나지막이 중얼거리곤 했어요. 내가 그 이름으로 불린다면 무엇보다 멋지고 흐뭇하겠다 싶었어요. 그래서 곧 나는 노는 중에 한 이웃 친구를 설득해 나를 그렇게 부르도록 했고 그러자 굉장히 기분이 좋고 흡족했죠. 이제 그 남자애는 나의 놀이 이름에 익숙해졌고, 어느 날 오전에 우리 집 앞에 나를 데리러 와서 울타리 옆에 선 다음 창문을 향해 목청껏 외쳤어요. '블롱델! 내려와, 블롱델!' 나의 아버지와 어머니와 손님들이 방 안에 있었는데, 나는 내가 좋아하는 비밀 이름을 그 아이가 큰 소리로 외친 데 몹시 부끄럽고 화가 나서 창가에 갈 엄두를 못 내었고 나중에 나의 놀란 친구에게 성내며 절교를 선언했죠. 물론 우리의 우정은 금방 다시 회복되었고요."

"그랬군요." 여왕이 말했다. "그런데, 괜찮다면, 오늘 아침 어디에 있었는지 우리한테 말해줘요. 아침 바다를 보여줄 생각이었는데, 해가 나기도 전에 나가버렸더군요."

"아침 일찍 좀 걷고 싶어졌고 어쩌다보니 깊은 숲속에 들어가게 됐어요. 숲이 온갖 그늘과 비밀로 나를 계속 꾀어 들였고, 마침내 기분 좋은 기적이 눈앞에 나타났죠. 나는 연못 앞에 서 있었고 그 거울 같은 물은 나의 가장 섬세한 청춘 시절 생각들을 모든 소중한 향기와 함께 아직 간직하고 있었어요. 저편 언덕 너머로 수도원의 탑이 바라보고 있었고요. 그 수도원은 옛날에 나와 내가 가장 사랑하는 청년 시절 꿈들을 품어준 곳이죠."

"알아요." 가장 아름다운 여인이 말했다. "그때는 당신이 가장 고상하고 가장 경외심이 넘치던 시기였죠. 당시에 나는 당신이 우수에 젖어 숲을 거닐고 낙엽 속에서 소년처럼 슬피 바스락거리는 걸 보았죠. 그리고 당신이 바이올린이나 존경하는 시인의 책을 집어 들던 그 저녁들보다 내가 당신과 가까웠던 적은 없어요. 당시에 나는 장래의 그늘이 당신에게 다가오는 걸 보았고 당신이 걱정되었어요. 그리고 언젠가 당신이 새로운 젊음과 새로운 슬픔을 지니고 내게 오리란 걸 아마도 예감했던 것 같아요. 그 동경에 찬 시기 때문에 나는 당신이 가장 절망한 시절에도 당신을 사랑했답니다."

그녀가 이 말을 하는 동안, 내 눈앞에서 마치 영상처럼 나의 온 청춘이 정리되어 펼쳐졌고, 학대당한 아이의 눈으로 슬피 나를 바라보았다. 여왕은 바이올린을 가져오게 하더니 식사를 끝내고 내게 연주를 부탁했다. 여인들 또한 부탁하고 놀리며 나를 채근했고, 포르투나가 너그러운 동작으로 내게 활을 건넸다. 그래서 나는 조용히 악기에 활을 대고 나의 손가락이 바이올린의 단단한 손잡이에 익숙해질 때까지 부드럽게 시험 삼아 활을 켰다. 그리고 나서 의욕적으로 연주에 들어가 어느 어두운 청춘 환상곡의 격정적인 박자를 켰다. 그리고 이후에 아름다운 게르트루트 부인의 긴 눈빛이 청했을 때 나는 쇼팽의 야상곡*을, 아름답기 그지없고 바람에 날려 사라지는 예의 그 곡을 연주했다. 달이 비치는 바다의 빛처럼 박자가 움직이는 그 곡을.

   나는 여왕과 함께 숲길을 따라 걷다 바닷가 근처에 있는 정원 속 성으로 갔다. 그곳에서 그녀는 그림이 있는 높은 벽 앞으로 나를 이끌었다. "내가 좋아하는 그림이에요." 그녀가 말했다. 거기에는 남국의 정원이 대단한 기교로 그려져 있었다. 깊게 그늘진 어두운 덤불로 가득한 정원에 그리스 조각상들과 솟구치는 인공 분수가 있었고 분수의 맨 아래 수반(水盤)에 칠현금 하나가 기대어 있었다. "이 정원을 아나요?"

   "아뇨. 하지만 칠현금은 아리오스토★의 것이군요." 그녀가 미소를 지었다. "아리오스토! 여기에서는

---

* Notturno. 원문에서는 이탈리아어 표현을 사용한다.
★ 서사시 『광란의 오를란도』로 유명한 르네상스 후기 이탈리아 시인.

아직도 그가 종종 거닐고, 흔들리는 옥타브의 밝은 유희를 내게 들려주고, 장난삼아 나로 하여금 자기 머리에 월계관을 씌우게 한답니다."

여왕이 가볍게 손짓하자 돌연 그림 벽 전체가 저쪽으로 움직였다. 끝 모를 수평선이 우리 앞에서 둥글게 완성되고, 우리 발치에 그림 속 정원 전체가 암녹색으로 놓였다. 호리호리한 어두운 남자가 원형 화단에서 천천히 걸어 나와 칠현금을 향해 몸을 숙이더니 칠현금을 연주하며 분수의 은빛 음을 흉내 냈다. 이어서 그는 어두워지는 바다를 향해 걸어 내려가다 정원 담장에서 사라졌다. 그 환영 전체는 마치 오를란도의 2행 시구*처럼 나를 지나쳐 갔다. 호리호리하게, 고상한 형태로, 마치 소녀의 웃음처럼 장난기 가득히. 이제 내가 여왕의 손을 잡은 채 바닷가로 내려갔다. 가벼이 움직이는 바다의 표면은 푸르고 붉고 은빛으로 아른거리며 멀리 뻗어 나가 있었다. 우리의 시선은 이 색 놀이에 오래도록 머물면서 흥겨운 즐거움을 누렸다. 그러고 나서 가장 아름다운 여인이 나뭇가지 몇 개를 헤치고는 물로

---

* 『광란의 오를란도』는 8행 연구(聯句) 형식으로 지어진 작품으로, 각 연의 마지막 두 행이 같은 각운을 가지며 짝을 이룬다. '2행 시구(Verpaar)'란 이 두 행을 가리킨다.

이어지는 하얗고 좁은 층계를 보여주었다. 층계에 내 보트가 매여 있는 게 보였다. 여왕이 오렌지 꽃가지 하나를 부러뜨려 그것을 보트 안으로 던진 뒤 나를 부드러이 아래로 밀며 내게 악수를 청했다.

"여행 잘하길! 작별이란 아무리 배워도 끝이 없는 예술이죠. 당신이 언젠가 돌아와 내게서 빛을 얻어 갈 걸 나는 알아요. 언젠가 당신에게 더 이상 노가 필요 없을 때 말이에요."

묵직한 꾸르륵 소리와 함께 물결이 계단에 닿아 부서지더니 뒤로 물러나면서 나의 보트를 등에 이고 갔다. 나는 밝은 형체를 향해 양팔을 펼쳤다. 형체가 가벼운 인사와 함께 아리오스토의 산책길로 사라질 때까지. 밤은 빠르게 찾아와 깜깜한 어둠의 무거운 망토를 나의 슬픔에 둘렀고, 수많은 위로하는 눈으로 나의 느린 귀향길을 찬란하게 바라보았다.

엘리제를 위한 알붐블라트*

* Albumblatt. 원래 '앨범의 낱장'을 뜻하는 표현으로, 음악에서는 주로 피아노를 위해 작곡된 짧은 기악곡을 가리킨다.

나의 첫 작품인 그대, 나의 금발 여인, 봄의 화관을 쓴 여인이여! 산드로 보티첼리의 봄 그림에서 그대가 날 이따금 바라본다. 잊혀버린 그 모습으로.

　　　　잊을 수 없는 어느 초여름, 내가 첫 노래들을 쓰던 시절에 공원 그늘 아래서 단 며칠간 복된 친밀함이 나를 감쌌다. 그것은 부활한 꿈으로, 불가해한 꿈 얼굴을 하고 있었고, 찰나적이며 이름을 말하기 어려웠다. 그리고 그것은 그대였다. 이전도 이후도 없이, 마치 유일한, 결코 돌아오지 않는 행복 색깔의 끊어진 빛줄기처럼—내가 기억하는 건 다만, 그대가 다홍색 소녀 입술을 가졌다는 것, 그대가 무거운 금빛 머리 다발을 하고 포근하리만큼 온화한 노랫소리를 지녔다는 것. 그리고 이름이 엘리제였다는 것.

　　　　그대 요정이여! 그대 꽃이여, 그대 가벼운 이, 육신 없는 이여! 그대는 마치 잔잔히 움직이는 음악처럼, 혹은 향기로운 기억처럼, 혹은 환하고 심오한 청춘 시절의 정신처럼, 나의 가장 싱싱한 복된 꿈들이 펼치는 양탄자 위로 미끄러진다. 나의 은밀한 인사를 받으라! 공원에서 열린 저 여름 축제의 휴일 같은 마법을, 그리고 그 시절 모든 동화에 대한 내 추억의 보물을 받으라! 나의 헤픈 청춘이 가진 것, 꿈에서 나온 마법의 보석을 받으라. 그 위로 저 가라앉은 6월 하늘이 환상적으로 꽃피며 활활 타올랐었지.

또, 공주여, 나의 노래도 받으라! 우리의 전나무 군락지가 끝나고 베르타성의 너도밤나무 교목림이 시작되는 그곳에서, 개울 벤치 위에서, 숲 언저리를 통해 빛나는 우리의 수레국화 들판 위에서, 나는 이 노래를 발견했다. 이것은 나의 노래들 가운데 내가 기억할 수 있는 가장 초창기 노래다.

첼*에 사는 목동이 가축을 몰고 집에 가네.
요란한 개울이
 볕을 받는 물 뒤로 어두운 물을 쏟아 내린다.
 먼 곳에서 연기가 피어나고, 온 세상이 광활히 펼쳐져 있다.
 그렇게 나는 언제까지고 서 있고 싶다.
 그렇게 서서 꿈꾸는 자의 눈빛으로 정답게 보고 싶다
 소요하는 그대 모습을, 모든 여인 중 가장 아름다운 그대여.
 그때 그대가 내게로 다가오네. 나는 눈물로 뜨거워진

* Zell. 독일어권의 지명.

얼굴을 묻네. 그러나 그대는 그걸 알지 못한다.

열병의 뮤즈

내 열병의 뮤즈가 오늘 내 곁에 있다. 차분히 앉아 조용히 있다. 그러나 평소엔 길거리를 다니고 유랑하는 것이 그녀의 기질이다. 무슨 바람이 불었는지 그녀가 앉아서 내게 알랑거린다. 우리 둘이 아직 사랑하는 신랑 신부이자 금발의 소년 소녀였던 옛날처럼. 그녀는 깊은 쿠션 의자에 몸을 기대고 앉아 고개를 뒤로 젖힌 채 나에게 시선을 붙박고 있다. 창백하고, 모든 걸 알며, 열띤 그 눈빛은 옛날부터 그녀 특유의 것이다. 이 눈빛은 우리 사랑이 처음으로 청춘을 강탈당한 그때 이후로 숱한 밤을 나와 함께했었다. 그 시절에 우리는 불타 사라지는 소년의 노래들이 던지는 깜박이는 빛 옆에서 나의 신들을 경멸하고 영원한 황야로 길을 들어서는 우리 자신을 찬양했다.

　　이 눈빛은 숨겨지고 웅숭깊고 싹트는 모든 걸 알며, 모든 꽃봉오리를 열어젖히고 모든 내밀함을 욕보인다. 신을 버린 신전들과 시든 사랑의 정원들 저편에서 비로소 이 눈빛은 질문과 대답과 반문의 놀이를 시작하고, 다른 눈이 탐구한 적 없는 비밀들을 열망한다.

　　우리는 나의 영혼을 파헤쳤고, 엿듣는 것만으로 위험천만한 곳까지 파고들었다. 우리는 예리하게 연마한 눈을 달고 부서지는 색깔들과 녹아가는 소리들이 존재하는 곳이라면 어디에나 있었고, 우연의 법칙들을 발견하기를 욕망했다. 죽어가는 음들의 탈선하는 파동과 죽어가는 색깔들의 창백한 무지갯빛을 우리는 사랑했고, 떨림이, 그리고 의혹이, 그리고 단말마가 있던 모든 한계점을 사랑했다.

　　　　부서지는 떨림음들과 무지갯빛으로 어른대는 찰나의 열띤 색깔들로 우리는 우리의 세계를 세웠다. 우리의 경이로운, 이해되지 않는, 불가능한 세계를. 그리고 나의 뮤즈는 창백하고 수척해지고, 꿈이 거듭될수록 아름다워졌다. 나의 생각 속에 그녀가 비칠 때면 그 창백한 모습은 섬세한 팔다리의 날씬함으로, 묵직하게 늘어진 곱슬머리로, 고귀한 손과 손목으로, 그리고 짙은 핏빛 입으로 나를 매료한다. 어느 시대에나 광기에 빠진 화가들은 지상을 초월한 수태의 순간에 그러한 모습을 꿈꾸었으며 마법에 걸린 붓을 들고 번쩍이는 색깔들의 아주 찰나적인 표면을 예감 어린 수줍은 선들로 소심하게 시험해보았다. 수줍은 황홀경 속에서 알아보게 되는 그러한 모습이 저 산드로 보티첼리의 은빛 꿈들을 뒤쫓았고, 그에게서 섬세하고 경이로운 예술을 꾀어냈고, 그의 세련된 손을 그림에서 그림으로 몰아갔다. 그의 붓과 손가락이 부러질 때까지.

　　　　나의 뮤즈는 그를 기억할 때면 미소를 짓는다. 그녀는 그의 등 뒤에 서 있으면서 눈빛을 통해 그의 그림들에서 애타는 입술과 눈의 찰나적인 불길을 꾀어냈다. 그녀는 그의 예술을 꾀어 그림에서 그림으로 이끌었다. 그의 붓과 손가락이 부러질 때까지. 그리고 그녀는 내게 그의 이야기를 해주며 그의 불타는 영혼의 이루어지지 못한 소망들을 들려주었고, 그의 메마른 단테 그림들의 중첩되는 원*으로 나를 인도했다.

   다른 시기에 그녀는 어느 병든 피아노 연주자의 가녀린 형체 옆에 몸을 기대고 그의 유연한 손가락을 자극하여 가장 섬세한 것을 더듬게 하고 깨질 것 같은 미세한 음들을 그에게 가르쳐주었다. 그 음들은 듣는 이의 두근대는 심장과 빠른 호흡을 우울하게 거친 박자에 맞추도록 강요했다. 그녀는 이 가녀린 병든 쇼팽을 꾀어 자극에서 자극으로 이끌었다. 그에게 그의 심장 소리를 귀 기울여 듣고 해석하는 법을 가르쳐주었고 그의 심장에게는 덜덜 떨리는 박자로 뛰는 법을 가르쳐주었다. 그의 심장이 자신을 다그치는 자극을 견디지 못해 피로와 동경 속에서 패배할 때까지. 그리고 그녀는 내게 그의 이야기를 해주며 나의 심장이 그의 피로하고 자극적인 리듬으로 뛰게 했고 내게 나의 심장

---

* 보티첼리는 단테의 『신곡』을 위한 삽화를 그렸는데, 여기에서 '원'은 지옥을 이루는 아홉 개의 원을 가리키는 것으로 보인다.

소리를 귀 기울여 듣고 해석하는 법을 가르쳐주었다.

이제 그녀가 내 등 뒤에 앉아 나에게 나지막이 말하며 알랑거리고, 모든 걸 아는 창백한 눈빛으로 나를 감싼다. 그녀는 나의 내밀함을 은신처에서 꾀어내고 나의 소망에 불을 붙여 다채로운 놀이로 만든다. 이 뮤즈는 내 피의 떨림을 더듬고 나의 목마른 눈을 자극해 동경에서 동경으로 이끌고 그러면서 미소를 짓는다. 나의 눈빛과 심장박동이 부서질 때까지.

처음 내게 왔을 때 그녀는 검은 옷을 입었고 늦여름 색 수풀 속을 졸졸 흐르는 개울과 나뭇잎이 지붕처럼 드리운 호숫가의 흔들거리는 거룻배를 좋아했다. 그때 나의 심장은 소년다운 사랑의 너덜너덜한 실에 매달려 떨고 있었고, 그때 나의 동경은 메아리치는 숲속에서 한 어여쁜 이름을 외쳤으며, 나의 사랑은 슬픈 사랑의 대화를 속삭이는 소리로 다정하게 되풀이했다.

당시에 내 열병의 뮤즈가 은빛 개울가에서 내게로 와 나와 우정 놀이를 하고 내게 검은색 류트를 연주하라고 건네주었다. 그러고 나서 그녀는 내가 금지된 성을 짓는 것을 도왔다. 붉은 사랑의 성, 그 창문 앞에서 우리는 어둠에 잠겨 추위에 떨었고, 그동안 커튼 뒤는 결혼식과 소리 나는 축제, 쨍 부딪쳐 울리는 크리스털 잔들과 열띤 바이올린 윤무곡으로 시끌시끌했다. 그녀는 내 영혼의 보고(寶庫)에서 베일과 정숙한 덮개를 벗겼으며, 나의 눈을 자극하고 내 안에 들볶는 욕망을 깨웠다. 그러니까 나는 성과 환상적인 멋진 것을 짓고 황금에 나를 비추고 싶었다. 우리는 깜박거리는 붉은색 동화를 창조했다. 유원지와 황야와 사람들이 사는 남국 풍경과 그곳을 거니는 날씬하고 기품 있는 커플들을 만들었다.

나는 내 슬픔을 나른한 시의 박자로 흔들고 어두운 압운에 반영하는 법을 배웠다. 나는 점점 첨예해지는 약강격 진행을 넣는 법과, 어두운 강강강격이 교각으로 떠받치는 무거운 행간 다리*를 놓는 법도 배웠다. 이어서 우리는 마치 저주의 거울 속처럼 모든 삶이 뒤집혀 있어 사람이 노인으로 태어나 젊게 살다가 마지막에는 어린아이가 되어 불안하게 마지막을 직시하는 우화들을, 불행한 사랑의 운명들을, 그리고 잔혹함으로 가득한 이야기들을 지어내기 시작했다.

나중에 내가 어느 불안한 밤에 나의 뮤즈를 저버리고 달아나 양지의 푸른 평야로 가버리고 난 뒤에도 그녀는 오늘처럼 가끔 나를 찾아와 유령처럼 창백한 밤들로 나를 이끌고 계략과 사랑이 가득한 아름답고 전능

---

* 시에서 사용되는 행간 걸침 기법을 뜻한다.

한 눈을 내게 고정했다. 우리가 예전에 꾸던 꿈들의 무자비한 환락을 되살리기를 갈망하며.

때로 우리는 마치 헤어진 연인처럼 서로를 이해심 있게 슬피 바라보는데, 우리 중 누가 도둑이며 누가 도둑맞은 사람인지는 알지 못한다. 그러다 그녀가 핏빛 입술을 조용히 열고 손을 움직여 창처럼 붉은 사랑의 성과 쾌락의 자극을 받은 바이올린 윤무곡의 절망적인 환호성을 내 안에 불러낸다. 그녀는 지금도 내가 쓴 글을 보며 한숨을 짓고 눈빛 속에 창백한 죽음을 담고 있다.

새로운 삶이 시작된다*

* Incipit Vita Nova. 단테의 『새로운 삶(La Vita Nuova)』에 나오는 첫 문장이기도 하다.

사람들 대부분의 삶처럼 나의 삶에도 평범함에서 특별함으로 변화가 일어난 지점이 있다. 공포와 암흑과 길 잃음과 고독의 장소, 전례 없는 마비와 공허의 날, 이날 저녁 하늘에는 새로운 별들이, 우리 내면에는 새로운 눈들이 생겨난다.

   그때 나는 추위에 떨면서 내 청춘 세계의 폐허들 아래를 걸으며 부서진 생각들과 팔다리가 경련하는 일그러진 꿈들을 지났고, 내가 바라보는 것은 먼지로 흩날리고 살아 있기를 멈추었다. 내가 아는 사이임을 부끄러워하던 친구들이 나를 스쳐 지나갔고, 내가 그저께 떠올렸던 생각들이 나를 바라보는데 마치 그것들이 백년 된 생각이고 결코 나의 소유물이 아니었던 듯 아주 멀고 낯설어져버렸다. 모든 것이 내게서 멀어졌고, 나는 곧 엄청난 공허와 무풍에 둘러싸이게 되었다. 내게는 더 이상 가까운 것도, 좋아하는 사람도, 이웃도 없었고 마음속에서 나의 삶은 치가 떨리는 역겨움으로 치솟았다. 마치 모든 정도를 넘은 듯, 모든 성스러운 제단이 더럽혀진 듯, 모든 달콤함이 역겨워진 듯, 모든 높이를 다 기어오른 듯했다. 마치 순수함의 모든 희미한 빛이 깜깜해지고 아름다움의 모든 예감조차 일그러지고 발로 짓밟힌 듯했다. 내게는 더 이상 동경하는 것이 없었고, 더 이상 내놓을 것도 증오할 것도 없었다. 내 안에 아직 남아 있던 신성하고 더럽혀지지 않고 유화적인 모든 것이 눈빛과 목소리를 잃었다. 내 삶의 모든 파수꾼이 깜빡 잠들고 말았다. 모든 다리가 끊어지고 모든 먼 곳이 그 푸름을 빼앗겼다.

매혹적이고 사랑스러운 모든 것이 내게서 그렇게 사라져버리고 내가 마치 정신의 난파자처럼 탈진하고 이루 말할 수 없이 약탈을 당해 가난한 채로 깨어나 내 불행을 의식하게 되었을 때, 나는 눈을 내리깔고 무거운 팔다리로 일어나 과거의 모든 익숙함에서 벗어나 떠돌았다. 마치 심판받은 자가 밤에 집을 떠나듯, 작별 인사도 없이, 그리고 등 뒤로 문을 잠그지도 않고.

고독의 밑바닥을 본 적이 있는 자가 있을까? 체념의 땅을 안다고 말할 수 있는 자가 있을까? 내가 심연 위로 몸을 숙이자 시야가 아찔해지며 끝을 모르고 추락했다. 나는 피로로 무릎이 주저앉을 때까지 체념의 땅을 떠돌았고 길은 줄어들지 않는 영원 속에서 여전히 나의 발걸음 앞에 놓여 있었다.

고요한 슬픈 밤이 나를 위로하고 잠재우며 내 위에 궁륭처럼 떠 있었다. 마치 친구들이 귀향자에게 찾아가듯 잠과 꿈이 내게로 찾아와 죽을 것만 같은 무게를 내 어깨에서 여행 보따리처럼 내려주었다.

당신은 난파를 당한 상황에서 육지를, 그리고

헤엄쳐 다가오는 사람을 본 적이 있는가? 당신은 중병을 앓았다가 회복 중에 신선한 정원 공기의 첫 모금을 마시고 재생하는 피가 달콤하게 끓어오르는 것을 느낀 적이 있는가? 그날 밤 불가해한 존재가 내게로 친근하게 몸을 숙이는 걸 알아차렸을 때, 이 구조된 사람과 이 회복하는 사람처럼 감사와 평온과 빛과 행복의 소용돌이가 나를 휩쌌다.

하늘은 과거 어느 때와도 다른 모습을 하고 있었다. 천체들의 위치와 회귀는 나의 가장 내밀한 삶과 예정된 우정의 연대를 맺었고, 영원은 내 안의 무언가를 자신의 법칙들과 명확하고 유익하게 연결했다. 나는 사막으로부터 일으켜 세운 내 삶에 황금의 바탕을, 힘과 법칙을 깔았다. 내가 찬란한 놀라움과 함께 느꼈듯이, 앞으로 이 법칙에 따라 내 안의 모든 옛것과 새것이 고상한 결정형으로 정돈되고 세상의 모든 사물과 기적과 유익한 동맹을 맺어야 할 것이었다.

새로운 삶이 시작된다. 나는 새사람이 되었고, 나 자신에게는 또 기적이 되었다. 쉬는 동시에 활동하고, 받으면서 베푸는. 나는 재산의 주인이 되었는데, 그중 가장 값진 것을 나는 어쩌면 아직 알지 못한다.

왕의 축제

왕의 성에서 축제가 준비되었다. 궁전과 도시의 모든 지체 높은 집에는 손님이 넘쳤다. 왕의 축제에는 온 나라의 귀족이 참석하는 것이 통례였기 때문이다.

성에서 도시로 통하며 평소 사슬과 파수꾼들이 통행을 막는 넓은 가로수 길은 말을 탄 사람들, 마차들, 가마들, 짐꾼들과 할 일 없이 걷는 이들로 가득했다. 왕은 백마 백 필을 소유하고 있었는데, 왕자들과 나라의 백작들을 제외하고는 누구도 흰말을 타서는 안 되었고 이를 어기면 사형에 처했다. 넘칠 듯 가득 찬 도로에 백마 탄 사람이 나타나자 그를 위해 넓게 길이 트였고, 양쪽에서 기다리던 군중이 몸을 숙이고 인사의 표시로 모자를 벗으며 몰려들었다. 그곳에는 사다리며 밧줄이며 판자며 양탄자며 칠한 간판을 가져온 수공업자들, 트럼펫과 바이올린과 커다란 북을 들고 알록달록한 옷을 입은 악사들, 색색의 희귀한 꽃이 탑처럼 무더기로 쌓인 수레를 끄는 꽃장수들, 전령들과 군인들, 갖가지 기구며 벽지며 천이 실린 마차들이 있었다. 셀 수 없이 많은 호기심꾼들이 일요일 나들이 복장을 하고 왕실 공원 중 개방된 외곽 고리 구역을 산책했다. 그곳에는 플라타너스 가로수 길이 나 있었다. 수공업자들은 둥근 모양의 빨갛고 노란 종이 등(燈)이 죽 달린 긴 줄을 나무 사이에 매다느라 바빴다. 대중에게 즐거움을 주고 신분 높은 사람들에게 유쾌한 광경을 선사하기 위해 저녁때 등에 불을 붙일 예정이었다. 일꾼들은 군중이 격려를 보내는지 혹은 성가시게 하는지에 따라 마구 뒤섞여 웃거나 욕했다. 많은 아이들에게 둘러싸여 장신구와 온갖 장난감과 싸구려 물건을 판매하는 고물 장수들, 빵과 소시지와 과자를 파는 여자들, 젊은 도시 사람들에게 제비꽃 다발을 사라고 하는 꽃 파는 소녀들이 돌아다녔다. 이들 모두가 잔뜩 몰려드는 인파에 희희낙락했다. 특히 제비꽃 파는 소녀들은 어디에서나 세련된 젊은 남자들에게 둘러싸여 있었는데 남자들은 온갖 아첨을 늘어놓고 익살맞은 제안을 내놓으며 장난으로 값을 흥정했다.

대중이 가장 밀집한 곳은 성 안마당의 닫힌 철제 정문 앞이었다. 좀체 볼 기회가 없는 성을 구경하려고 시골 사람들과 도시 사람들이 그곳에 몰려들어 아치형 창문 너머로 왕실 사람을 엿보려는 열망에 불탔으며, 붉은 제복을 입은 고급 하인이나 장교, 혹은 기구를 나르거나 말이나 개를 측면 안쪽의 호화로운 마구간으로 데려가는 평범한 하인이라도 나타날라치면 즉시 성 안마당에서 눈을 떼지 않았다.

성을 처음 보는 사람이라면 누구나 경탄했고, 시골 사람들이 가장 그랬다. 왜냐하면 성은 현왕의 아버지가 통치할 때 남국의 건축 장인에 의해 이 나라에서 생소한 규칙들에 따라 지어졌기 때문이다. 높이는 낮았으나 광활하고 화려하며 전부 대리석으로 만들었다. 이 성과 그 뒤에 자리한 오래된 공원은, 대중에게는 보이지 않고 절대 출입 불가 장소로서 나라의 경이로 통했다. 아치형 창문이 마흔 개에 더해 또 마흔 개가 나 있는, 눈에 보이는 성 전면에 넓은 합각머리가 관(冠)처럼 얹혀 있었는데, 그 세모꼴 안에는 역시 대리석으로 조각한 거대한 사람들과 말들이 서 있었고, 옆쪽의 사람들과 말들은 온갖 자세로 무릎을 꿇고 쓰러지고 누워 있으면서 세모꼴에 생동감 있게 달라붙어 있었다. 정교하게 작업한 더 작은 형상들이 정문 위에 서 있으면서, 귀환하는 승자들을 맞아들이는 모습을 연출했다. 그리고 내부에는 전례 없는 높이와 화려함을 지닌 홀들과, 벽이 비단과 황금으로 이루어진 방들이 있었고, 그곳에는 온갖 시대의 보물들과 유명한 거장들의 예술 작품들이 가득하다고 했다. 비밀스러운 공원에 대해서는 많은 이들이 더욱 놀라운 소문을 이야기할 수 있었다. 공원은 도보로 세 시간 거리만큼 뻗어 있고 외국인 정원사들과 숲지기들이 돌보았는데, 그들이 웅장한 두께와 높이로 공원 전체를 둘러싼 어마어마한 원형 벽 밖으로 나가는 것은 금지되어 있었다. 사람들이 알기로 그곳에는 사슴들과 미지의 동물들과 색색의 낯선 새들, 즉 꿩과 공작이 숨어 있었다. 아울러 수 세기 된 황야, 거기에 인공 하천, 호수와 분수, 다리와 희귀한 꽃들로 가득한 화단, 그리고 환상적인 사냥용 별장도. 전대 군주가 유흥을 즐기던 사냥용 별장에는 그의 오래전에 운명한 애인들이 죄악으로 점철된 과거 삶의 정사(情事)와 질투를 되살리며 자주 돌아다녔다. 무슨 어두운 살인 이야기와 전례 없는 사랑의 환락을 열띤 머리들이 상상하고 여인들의 성급한 혀가 지껄여댔든 간에, 이 모든 소문이 미지의 사냥용 별장에 쌓였다. 그곳은 누구에게는 지상의 희미하게 빛나는 천국으로, 또 누구에게는 온갖 공포와 악령의 집결지로 여겨졌다.

   한가한 군중은 잡설과 소곤소곤 전해지는 풍문, 그리고 경이로움의 향기를 탐욕스레 빨아들였다. 이 향기는 축제일의 도취며 기대와 더불어 그들을 달아오르게 하고 마비시켰다. 사람들은 손님들의 말과 마차에 관해, 궁정과 길거리에서 곧 벌어질 즐거운 행사에 관해 말했다. 대중에게는 저녁에 불꽃놀이가 약속되었다. 상인들이 물건을 선전하는 외침 외에, 어릿광대들이 익살을 부리는 소리와 여기에 동반하는 요란한 폭소, 앉아 있는 장애인들과 이리저리 밀쳐지는 한쪽 팔 없는 자들 혹은 안내를 받는 맹인들이 구걸하는 소리,

그곳에 있는 시의회 의원들의 훈계하는, 그러나 호의적인 목소리, 그리고 매춘부들의 귀가 째질 듯한 농담과 급작스러운 웃음소리가 들렸다. 술을 파는 노점은 사람들로 붐볐고, 일부 어리석은 이들은 일찍부터 취한 상태로, 기다리던 축제일의 즐거움을 미리 누렸다. 다른 이들은 인형 극장이나 제비뽑기 기계나 아이들의 시합장에 둘러섰다. 아이들은 내걸린 상품을 차지하기 위해 기어오르고 도약했다. 발라드 가수와 백파이프 연주자에게 사람들의 귀가 쏠리고, 붐비는 인파 속에서 가족들과 친구들이 서로 떨어져버리고, 축제장의 혼돈 덕에 그토록 원하던 금지된 밀회의 기회를 얻은 연인들이 서로 만났다.

    공원 외곽의 굽이진 산책로에는 노인들, 도시의 명망가들, 부유한 시민들, 의원들과 판사들과 굼뜬 목사들이 잘 가꾼 장식 화단과 잔디밭과 그늘진 휴식용 벤치를 누리며 앉아 있거나 소요했다. 한 살찐 시의회 의원은 여러 명의 외지인에게 가로수 길과 도로의 시설과 성의 위치를 설명하고, 자기 도시의 유복함과 자기 왕의 후하게 베푸는 부유함을 자랑했다.

    소음, 시민들의 대화, 유행하는 옷을 입은 도시 사람들과 휘둥그런 눈으로 쳐다보는, 무거운 장화를 신은 시골 주민들은 가로수 길과 정원을 욕보였고, 늙은 플라타너스들의 진지함 그리고 군주의 시설이 지닌 우아한 아름다움과 뚜렷한 대조를 이루었다. 그곳에서 온갖 희귀한 나뭇잎으로 그늘진 뒤얽힌 길들은 귀족 사회의 공주들 혹은 궁정 시인의 상상 속 형상들이 다니라고 만든 것이었다.

점심 무렵에 대규모 군중이 연회 음악과 고대하던 지체 높은 사람들의 모습을 궁금해하며 성 안마당의 정문 앞에 모였다. 우레와 같은 환호성이 치솟았다. 태자가 창가에 모습을 드러낸 것이었다. 태자는 어둡고 수척하고 약간 구부정했으며, 날카롭고 총명하고 밀랍처럼 창백한 얼굴에 어둡고 탐색하는 눈을 지니고 있었다. 그가 인사를 하며 고개를 움직이는데, 바로 그 순간 왕이 옆에 나타나 미소를 지으며 활기찬 동작으로 손인사를 보냈다. 왕은 키가 크고 뚱뚱하고 꼿꼿했다. 폭이 넓은 수염은 아직 금색과 회색 사이를 오갔고, 얼굴은 신선한 홍조를 띠고 윤기가 흘렀으며 이마에 주름이 없어 보였다. 그는 넓은 흰색 밑단이 있는 붉은 옷을 입고 있었다. 그는 축제라면 전부 좋아했고 자신의 기쁨을 군중에게 숨기지 않았다. 왕이 고개를 끄덕이며 태자와 창을 떠났다.

밖에서 행복한 군중의 외침이 서서히 잦아드는 동안, 왕은 붉은 홀에서 탁자 앞에 앉았다. 치장한 신사들과 귀부인들이 깜박이는 두 줄을 이루며 어마어마하게 큰 식탁 하나에 나뉘어 앉아 있었고, 남성 참석자 둘 사이에 늘 숙녀 하나가 끼어 있었다. 왕의 오른쪽에는 세 번째 부인인 흰옷 차림의 왕비가 앉아 있었는데 그녀의 날씬하고 말 없는 아름다움에 모두가 경탄했다. 왕의 자리 왼쪽에는 검은 머리에 곱사등을 가진 남자가 깊숙이 자리한 번뜩이는 눈으로 자주 주위를 둘러보며 과묵하게 앉아 있었다. 이 남자는 왕의 형제였다. 그는 몸이 불편한 이들에게서 자주 발견되는 예리하고 집요한 지성의 소유자였으며, 명석한 근면함과 진지하고 날카로운 눈으로, 세상이 모르게 국정을 이끌었다. 나라가 유복한 것, 그리고 근심 걱정 없는 왕이 자신이 물려받은 헤아릴 수 없는 재산을 유지하는 것은, 아무도 몰랐지만 이 형제 덕택이었다.

식탁 끝은 왕자들의 자리로, 태자와 그 이복동생이 앉아 있었다. 왕의 두 번째 결혼, 즉 진심 어린 결혼에서 생겨난 이 왕자는 밝고 쾌활한 기사였다. 공작과 공작부인과 남작과 남작 부인과 그 딸들은 애정과 우정에 따라 섞여 있었고, 가장 고상하고 가장 나이 많은 봉신 세 명이 왕의 맞은편에 자리했다. 수많은 귀족 태생 시동들이 은 접시와 크리스털 포도주 잔을 나르며 시중을 들었다. 왕자 근처에서 그의 총아인 젊은 가인

(歌人)의 밝은 머리가 번쩍였다. 이 젊은이가 노래의 대가이며 행실이 세련된 까닭에 왕은 이탈리아의 모범을 따라 그를 궁정에 묶어두고 있었다. 그는 단시간에 왕의 총애와 우정을 얻었는데, 그것은 그가 모든 즐거운 기예, 특히 시와 노래에 통달했고, 많은 축제며 춤이며 가장무도회와 그 밖의 흥겨운 오락을 생각해냈기 때문이다.

왕은 봉신들의 부인들과 많은 대화를 나눴다. 왕은 그 남편들을 자신의 형제에게 맡겨두었고, 왕제(王弟)는 짧고 무거운 질문과 눈빛으로 그들을 샅샅이 탐색했다. 왕비는 홀로 과묵하게 별로 웃지 않으며 앉아 있었다. 그녀의 섬세하고 창백한 고개가 이따금 천천히 돌아갔고, 그녀의 어두운 눈은 줄지어 식사하는 사람들을 훑으며 잘생긴 기사들의 이마에 머물다가 가장 잘생긴 자를 찾아 계속 움직였다. 그녀의 다문 입은 마치 야생 장미 열매처럼 밝은 붉은색에 섬세하고 오만했으며 미소에 인색했다. 그녀는 자주 안락의자에서 몸을 뒤로 기대고, 낮은 회랑에서 달콤한 멜로디를 소리 죽여 연주하는 바이올린 악사들에게 유심히 귀를 기울였다. "왕비 전하께서는 음악 예술을 좋아하시는지요?" 옆자리의 늙은 백작이 왕비에게 공손히 물었다. 그녀는 고개와 베일에 싸인 눈을 그에게로 천천히 돌렸다.

"딱 알아맞히셨군요, 백작님." 그녀가 품위 있게 말하고는 다시 시선을 돌리고 다시 섬세한 음에 귀를 기울였다. 한번은 가인이 몸을 돌리더니 번뜩이는 긴 눈빛으로 왕비의 고개를 감싸며 마음속으로 자신의 운명을 젊고 달콤한 동경과 저울질했다.

식사 자리가 파한 후에 많은 이들이 쉬려고 쿠션에 누웠고 다른 이들은 여러 홀을 돌아다니며 구경했다. 홀 바닥은 모자이크로 장식되었고 벽에는 그림과 귀한 직물이 걸려 있었다. 왕자가 가인의 팔을 잡고 넓은 층계를 지나 야외로 그를 이끌었다. 그들은 시원하게 그늘진 휴식용 벤치 옆에 멈췄다. 가인이 벤치에 앉아 둥글게 만든 돌에 몸을 기댔다. 왕자는 자신의 외투를 풀밭에 던지고 그 위에 누웠다. 그는 금발 머리를 친구의 무릎에 기대고 시선을 덩굴진 나뭇가지가 격자처럼 쳐진 밝은 하늘로 즐거이 향했다. 조금 후 그가 유쾌하게 이야기를 늘어놓기 시작했다. "말해봐, 전문가 친구, 세상에서 가장 아름답고 가장 탐나는 게 무엇이지? 부나 명성이라는 장식인가, 예술이 지닌 천상의 마법인가, 아니면 불붙은 여인의 색정 어린 교성인가, 아니면 목자들의 삶인가?"

가인이 웃었다. "안달이 났군! 자네는 행복이라는 보물을 호두 껍데기 속에서 찾고 있어. 하지만 아름다움과 행복은 우리보다 부유하고, 수많은 길을 가졌으며, 모든 나무에 열매를 맺지. 사랑 없는 부, 혹은 아름다움 없는 환락이 무슨 의미가 있을까? 그런데 가장 탐나는 것이란 내가 보기에는 어쩌면 이것 같네. 가장 고귀한 혈통과 고상한 마음씨의 소유자면서 사랑에 빠져 자신의 권리를 벗어던지는 여인. 베풀면서 부탁하는 여인 말이지."

왕자는 뒤로 더 누우며 미소를 지었고, 그의 갸름한 흰 손가락으로 장난을 쳤다. 친구가 계속 말했다. "어제 우리에게 사랑스럽고 비할 데 없어 보이던 것도 사건들의 그늘 속에서 나날이 창백해지고 신선한 매력을 잃지. 몇 년 전 이탈리아에서, 사랑에 빠진 여인의 손이 처음으로 날 어루만지고 내 가슴이 새로운 희열로 가득했을 때 ― 나는 내 환희로부터 바이올린을 위한 노래를 지어 내가 아는 달콤하고 은밀한 것을 노래 속에 집어 넣었고, 그렇게 해서 마치 행복 자체가 음들의 그물 안에서 흔들리듯 모든 마법과 모든 사랑스러움이 모여 있다고 오래도록 믿었지. 나중에 똑같은 노래를 두 번째 세 번째 여자에게 들려주었을 때, 그리고 새로운 노래들이 나를 가만히 놔두지 않으며 불리기를 원했을 때, 나는 심연의 바닥을 보고 웃을 수밖에 없었어. 그리고 이제 내게 그 노래는 귀여운 동요로 여겨지네."

넓은 길에서 시끄러운 소리가 들려왔다. 태자와 왕제가 덤불의 동그라미 그늘로 들어왔다. 동생이 가인의 발치에 누워 있는 모습을 본 태자의 단단한 입술 위로 날카로운 미소가 떠올랐다. 태자는 인사를 건네지 않고 성으로 돌아갔지만, 숙부는 진지한 눈길을 두 친구를 향해 호의적으로 낮추었다. "이것 보게, 나의 금발 소년들! 무슨 얘길 하고 있는지 말해주게, 나도 끼게!" 가인이 절하고는 왕의 재상에게 앉기를 간청했다. 베개를 빼앗긴 왕자는 다리를 꼬고 벤치를 향해 앉았다. "이 조카가 바라건대 온 세상에서 가장 아름답고 가장 탐나는 것이 무엇일지 말해주세요."

"경박한 질문이군." 늙은 남자가 말했다. "어려운 질문이기도 하고! 자네들은 그 답을 찾았는가?"

"이 친구 말로 최고는 바로—" 가인의 굳센 손이 왕자의 웃는 입을 눌러 나머지 대답을 막았다. "실없는 농담입니다!" 곱사등을 가진 왕제가 또렷한 눈빛을 이 격정적인 젊은이에게 고정하고는 장난치듯 손가락으로 위협한 뒤 "여자지"라고 말하며 문장을 끝맺었다. "그런데 어떤 여자? 예술가 양반, 선생의 금발 청춘은 나같이 매력 없는 사람보다 사랑에 대해 더 잘 아시겠지."

"지나친 말씀이십니다. 지금까지 제게 사랑은 그저 장식이자 놀이, 혹은 선율의 대상이었습니다. 예술가라면 누구나 여자가 필요하죠. 여자가 곁에 있으면 행복하고 따뜻한데, 이 두 가지는 예술가의 작업에 필수이니까요."

왕자가 익살맞은 표정을 지었다. "당연한 말씀! 하지만 예술가들만 그런 건 아니에요. 평화로운 시대에 따분함에 시달리는 왕자들에게도 여자가 필요하죠." "그만!" 숙부가 소리쳤다. "네가 벌인 사랑의 모험들을 우리는 질리도록 잘 안다. 네가 얼마나 더 따분함에 시달리려는지 놀랍구나. 만약 일이 싫다면 왜 공부도 진지한 예술도 하지 않는 거냐? 네 형은 나랏일에 종사하지 않는 얼마 안 되는 시간을 쪼개 회화술의 역사와 내 아버지의 수집품을 공부한단다." 왕자가 그의 말을 격하게 끊었다. "형 말이군요! 형이 일하는 건 인색해서고, 통치에 욕심이 있어서예요. 형이 아무리 원하는 만큼 공부를 해도 연도와 이름이나 배울 뿐이고, 예술에 대한 조예는 그림 가격을 아는 데 그치죠. 캔버스 한 장을 사려면 금화를 몇 개 치러야 하는지를 아는 게 형한테는 모든 역사보다 중요해요. 형의 뇌는 주판이에요."

숙부는 대답 없이 근심 어린 눈으로 왕자의 매끈한 이마를, 명랑하고 쾌락에 중독된 키스하는 입술을, 우아한 몸 전체를 바라보았다. 왕자는 왕의 모습을 빼닮았는데, 선이 더 섬세하고 더 우아했으며, 근심 없는 태도는 똑같았으나, 경솔함이 더 또렷이 도드라졌다. 두 청년이 침묵하고 있을 때, 늙은 남자가 가죽으로 정교하게 장정한 작은 책자를 꺼내 가인에게 낭독해달라면서 집게손가락으로 한 대목을 가리켰다. 어느 이탈리아 시인의 울림 있는 시행들이 읽는 사람의 입에서 순수하게 흘러나왔고, 그것은 떨어지는 물의 아늑한 노래와 비견할 수 있었다.

    낭독 중에 왕자가 조용히 옆으로 빠져나와 백마에 안장을 얹게 한 뒤, 도시를 향해 신나게 멋대로 말을 달리면서 황급히 물러나는 군중 사이를 가차 없는 속보로 밀고 들어갔다. 그는 이날 저녁에 입을 가장무도회 의상을 만들도록 일을 맡겨두었는데, 이제 마지막 순간에 변덕이 찾아왔다. 잠시 후 그는 말을 몰아 길을 되돌아갔고, 겁먹은 채 인사하는 대중의 머리 위로 때때로 작은 동전들을 뿌려주었다.

    왕제가 고마움을 표하며 가인을 친절하게 보내주고 난 뒤, 가인은 사색에 빠져 궁전으로 돌아갔다. 그는 복도와 홀을 배회하다 한 작은 방의 좁은 벽과 마주쳤는데, 그곳에는 왕비를 그린 그림이 금색 액자에 담긴 채 걸려 있었다. 이 그림 앞에 그는 오래도록 서 있었다. 그리고 그가 뜨거운 눈으로 초상화에서 몸을 돌렸을 때, 마침 왕비 본인이 시녀들을 거느리고 문으로 들어왔다. 그는 깊숙이 몸을 숙였다. 왕자는 어디 있느냐고 왕비가 물었다. "그분은 식사가 끝나자 곧장 저를 두고 떠났습니다. 그분을 찾으라고 분부하시는 겁니까?"

"그 말썽꾸러기 같으니!─애쓰실 필요 없어요. 제게 봉사하실 마음이 있다면 당신의 바이올린을 가져오세요. 저는 그 소리가 좋답니다. 듣고 있으면 먼 곳에 있는 제 고향이 떠오르거든요." 그가 서둘러 바이올린을 가지러 갔다. 그녀는 그 아름다운 악기를 보여달라고 하더니 고운 손으로 그것을 집었다. 그녀의 왼손이 바이올린의 갸름한 목을 감쌌다. "칭송받는 장인이 만든 것입니다." 가인이 설명했다. "그리고 다른 어떤 비슷한 물건보다 더 큰 능력을 지녔죠. 사람들 말로는, 오래전에 고인이 된 그 이탈리아 장인은 이 바이올린에서 인간의 목소리를 끌어낼 줄 알았답니다." 그가 왕비의 손에서 바이올린을 도로 가져가 반짝이는 눈으로 그녀의 손가락 자국을 보았다. 가느다란 입김이 둘리고, 매끈한 표면에 가느다랗게 살짝 눌린 자국. 이어서 그는 단단한 턱을 둥글게 튀어나온 곳에 대고 누른 채, 긴 음을 점점 키우며 연주했다. 달콤한 소리가 온 방을 채우며 떨렸고 불타는 동경의 언어가 되었다. 왕비는 눈을 감고 섬세한 고개를 가벼이 흔들었고, 연주자의 눈이 열렬하고 간절하게 그 고개에 머물렀다.

이 순간 가인은 자신의 새로운 사랑이 놀이며 장식이 아니라 진심과 상처라는 걸 깨달았다. 그는 자신의 귀부인에게 감사하는 뜻을 담아 연주했다. 왕비는, 이전에 한 번도 없던 일인데, 떠나면서 손을, 갸름하고 위엄 있는 손을 그에게 건네며 말했다. "음악에 정통하시군요! 이토록 달콤한 선율을 들은 건 오랜만이네요. 고마워요!"

저녁에 성의 가장 큰 홀에서 가장무도회가 시작되었다. 손님들은 얇은 천 가면을 쓰고 페르시아, 그리스, 스페인과 기타 외국의 온갖 복장, 혹은 털가죽, 혹은 이교 신들의 의상을 입었다. 홀은 호화롭게 장식되고 금빛 샹들리에로 밝혀졌다.

왕은 가면을 쓰지 않고 삐죽삐죽한 고대의 왕관만 특별한 장신구로 착용하고 있었다. 태자는 두건이 달린 어두운 수도복 차림으로 쉽게 알아볼 수 있었다. 하지만 그의 형제를 알아보는 이는 아무도 없었다. 그는 보병의 더블릿*과 모자를 착용했고 이 단순한 복장을 택한 건 그 혼자가 아니었다. 가인은 검은색 모조 수염을 달고 나폴리 전통 의상을 입고 있었다. 그는 왕비에게 접근하려 했고, 왕비는 남쪽 고향의 알록달록한 민

* 15~17세기 유럽에서 남자들이 많이 입던, 몸에 꽉 끼는 윗옷.

속 의상을 입고 있었다. 야생 짐승과 곰, 신과 여신, 양치기와 땅의 정령과 갱부 들이 큰 홀을 바글바글 채웠다.

      곧 왕자가 눈에 띄지 않게 연회장을 벗어났다. 그는 무거운 외투를 걸치고 친한 하인에게 자신이 어디에 가든 따라오며 근처에 머물 것을 명했다. 그는 위급 시를 대비해 가장 다루기 쉬운 무기인 사냥칼을 허리띠에 꽂고 궁전을 떠났다. 성 안마당과 가로수 길과 모든 시설이 도시까지 색색의 등으로 밝혀졌고, 술에 취한 대중이 축제일답게 떠들썩거리며 길을 지나갔다. 술을 파는 노점과 무도장에는 사람들이 넘쳤고, 달아오른 춤꾼들과 술꾼들이 웃고 떠들어대고 서로 싸웠다. 왕자는 붐비는 군중 한가운데로 들어가 곧 양팔에 웃는 소녀를 한 명씩 달고 다녔다. 그는 춤추고 마셨고, 구경하는 자들의 농담과 시기하는 자들의 악담에 웃으며 해명했다. 여인들은 정체 모를 남자의 당돌한 태도와 고상한 말투에 끌렸고, 그의 입술은 곧 수많은 키스로 불탔다. 그곳에는 밝은, 어두운, 날씬한, 평퍼짐한, 수줍어하는, 부끄럼 없는 여인들이 있었다. 왕자의 눈은 수많은 사람의 북적임에 흡족해했고, 그의 까탈스러운 심장은 거친 음악의 빠른 박자와 무절제한 떼거리의 모습에 흥분하여 더 한껏 고동쳤다.

      그사이 왕의 연회에 모인 이들은 정선된 음악

의 가볍고 섬세한 선율에 귀를 기울이고 정중한 가면 놀이의 쾌락을 즐겼다. 춤은 거의 추지 않았다. 대부분의 사람들은 낮은 쿠션 좌석에 앉거나 서 있었고 작게 무리를 지어 여기저기를 산책했다. 왕비는 무리들 사이에서 활기차고 수다스럽게 움직였다. 사람들은 창백하고 과묵한 왕비를 더 이상 알아보지 못했다. 그녀는 고향의 축제를, 그 화려함과 자유를 떠올렸고 포도주 잔을 스스럼없이 자주 홀짝였다. 즐거운 축제의 가벼운 열기가 그녀의 동경에 찬 감각에 불을 붙이고 그녀의 불만족한 가슴을 자극하고 그녀의 낯선 아름다움에 새로운 달콤한 매력을 더했다. 그녀가 젊은 귀족들로 이루어진 신하 무리를 자기 주위로 불러 모았고 변장한 가인은 여기에 합류했다. "이것 봐, 고향 사람이네!" 그녀가 그에게 외쳤다. "포실리포*에서 당신을 만난 적 있는 것 같아요." 가인이 반짝이는 눈빛으로 인사했다. "저도 당신을 알았던 것 같습니다!" 그가 대답했다. "이런 꽃은 이 나라에서는 자라지 않죠. 주인이시여, 당신의 고향에서 보낸 사신으로서 만(灣)★의 안부를 전합니다."

"고마워요, 고향 친구여! 그런데 이토록 먼 여

---

* 이탈리아 나폴리 서쪽 해안의 언덕 지구.
★ 나폴리만을 가리킨다.

행을 감행했을 때 당신의 소중한 애인을 누구한테 맡겨 놓고 왔나요?"

"저에게는 애인이 없습니다. 제 별이 저를 떠난 이후로 제 눈은 할 일이 없어졌고, 저는 제 별을 찾아 여행을 떠났습니다. 이토록 반짝이는 별을 발견하다니 기쁘군요."

"잘 알겠어요, 친절한 이여, 나폴리 사람들은 아직도 예전처럼 아부를 잘하는군요."

"주인이시여, 아부라고요? 저희는 북국의 관습보다 덜 거친 의상을 진실에 입히는 데 익숙할 따름입니다."

왕비가 공손한 남자에게 가득 찬 잔을 건넸다. "환영의 뜻으로 받아요! 베수비오산에서 난 거랍니다." 숙녀들이 왕비의 무리에 섞여 든 나머지, 무리는 곧 잡담하는 커플들과 두 쌍의 커플들로 나뉘었다. 그리고 가인은 왕비 곁에 남아 물 흐르는 듯한 달콤한 수다의 그물로 그녀의 감각을 에워쌌다. 그는, 자주 웃으며 반짝이는 그녀의 붉은 입을 보았고 그녀의 눈처럼 흰 이를, 슬며시 둥글어지는 순수한 턱을, 비단 가면 뒤에서 반짝이는 눈을 보았다. 그뿐만 아니라 그는 그녀 뒤에서 홀로 돌아다니던 태자가 한순간 멈춰 서서 불쾌하게 고개를 돌리며 엿듣는 모습도 보았다. 태자는 가인을 알아보지 못했고 계모의 달라진 기분에 놀랐다. 한번은 그의 그림자가 다시 그녀의 어깨 위로 드리웠을 때, 그녀가 불쾌해하며 잽싸게 가인에게로 몸을 돌렸다.

"말해봐요, 고향 친구여, 저 수도승이 유쾌한 사람들 속에서 뭘 하려는 거죠?"

나폴리 사람이 엿듣는 자의 딱딱한 얼굴을 들여다보며 조롱하듯 답했다. "보시다시피 말입니다, 저 자는 부적절한 장소에 있고 나갈 문을 찾지 못하는 겁니다. 그러니 본의 아니게 궁정 광대가 된 거죠." 수도승이 쓴웃음을 지으며 왕의 탁자 쪽으로 떠나갔다. 왕은 여러 늙은이들과 함께 한쪽에 떨어져 풍성한 포도주를 누리면서 끝난 사냥들에 관한 대화를 즐기고 있었다.

악단이 쉬고 있을 때 한순간 왕의 외침에 모든 창문에서 커튼이 걷혔다. 모두가 자리에서 일어나 야외를 바라보았다. 밖에는 우듬지의 끝없는 행렬이 알록달록한 등의 깜박이는 불빛 속에 있었고, 군중의 어지러운 환호성이 바람에 부서져 흔들리는 물결을 이루며 점점 커졌으며, 대규모 불꽃놀이의 뒤엉킨 불길들이 칙칙한 어두운 하늘에서 열띠게 환히 타올랐다. 연무의 얇은 베일이 높은 나무들 위에 유유히 걸려 있었는데, 불꽃들이 넓게 흐르는 붉고 노란 빛으로 베일을 적셨다.

바로 그때 왕자가 몽상에 젖은 눈과 미소 띤

무거운 입술로 조용히 홀에 돌아왔다. 태자가 그를 곧 알아보았다. 동생의 은밀한 여흥을 어렴풋이 짐작한 태자는 흉한 경멸이 담긴 눈초리로 그를 훑었다. 태자는 유약하고 헤픈 동생을 냉엄한 마음속 깊이 증오했기 때문이다. 얼마 후 정신을 차린 왕자는 가면들 속에서 왕비를 찾으려 했지만 찾아내지 못했다. 그가 술을 마시고 있는 아버지에게 물어보았다. 왕은 흐린 눈을 잔에서 드는 둥 마는 둥 했다. "찾아보게나, 젊은 양반." 그가 거칠게 웃으며 말했다. "당신네 젊은이들은 여자를 찾으러 여기에 왔지."

그사이 왕비는 멀리 떨어진 방에서 가인의 지칠 줄 모르는 농담과 이탈리아 노래에 귀를 기울이고 있었다. 그녀의 이마는 유쾌함이라는 독한 포도주로 달아올랐고 그녀의 가슴은 도취되어 격렬하게 고동쳤다. 그녀는 안락의자에 깊이 앉아 무아경에 빠진 눈으로 자신의 여린 손가락에서 꼭 모인 손끝을 바라보았다. 가인은 그녀 곁에서 더 높은 의자에 앉아 기타 현 위로 손가락을 움직이며 벨슈 지역*의 로맨스 곡을 부르고 너스레를 떨고 불타는 정열의 진지함을 다채로운 수다에

---

* 독일어권에서 프랑스어나 이탈리아어 같은 로망어를 쓰는 지역을 가리키는 말.

섞였다. 말장난은 노래에 능한 남자의 입술 위로 거침없이 흘러나왔고, 농담의 경계 위를 현기증 나게 걷는 일은 그를 취하게 했다. 그는 그녀의 흥분한 얼굴에서 그리고 그녀의 장난치는 손가락의 움찔거림에서 자신의 말이 남기는 자취를 쫓았다. 그의 말은 가면 쓴 농담의 번드레한 의상을 슬며시 벗었고, 이중의 의미를 얻었으며, 숨겨진 힘과 온기를 노골적으로 드러내기 시작했다. 가장 위험한 배반의 말들만이 정중한 희극의 은폐하는 얇은 천에 아직 덮여 있었다.

      왕비가 손가락으로 장난치는 것을 멈추었다. 그녀는 미세한 혈관이 난 눈꺼풀로 뜨거운 눈을 덮고 그 온기 속에서 위험을 반쯤 의식하면서 몸을 흔들거렸다. 동경에 차 지새운 숱한 밤에 그녀가 꾼 꿈이 활활 타오르는 빛깔로 생동감 있게 그녀의 마음을 스쳐 갔다. 그리고 그녀의 고독한 가슴이 언젠가 사랑에 관해 상상했던 모든 화려함과 경이로움도. 노래의 대가는 목소리를 낮추어 따스하게 속삭였고, 전율하는 여인에게 더 가까이 몸을 굽혔으며, 달콤한 속삭임과 숨겨진 소망의 베일로 그녀의 감각을 꼭 감쌌다. 사납게 찌푸린 창백한 얼굴이 숨어 있는 것을 두 사람은 알아차리지 못했다. 그 얼굴은 슬며시 열린 문으로 잠시 엿보다가 사납고 창백한 모습으로 다시 사라졌다.

연회장으로 돌아가던 태자는 어머니를 찾는 왕자와 마주쳤다—"왕비께서 널 기다리고 계신다. 저기, 파란 방에서. 그런데 그분을 너무 귀찮게 하진 마. 지금 피곤하시니까." 태자가 다시 홀에 들어갔다. 태자의 앞에 열린 쌍여닫이문에서 한 줄기 음악과 폭소가 밀려 나와 왕자의 등 뒤로 울렸다. 왕자는 어머니가 있다는 방의 문턱을 밟았다.

그렇게 방에 들어가는데, 목멘 탄식과 사랑의 말과 응답하는 입맞춤 소리가 들려왔다. 죽도록 깜짝 놀란 세 사람은 바로 그 순간 괴롭게 째지듯 비명을 질렀다. 공포의 차가운 손이 한 번의 손길로 서로 가깝고 친한 세 사람을 갈라놓았다. 창백한 왕자는 굳어버린 애인의 얼굴에서 가짜 수염을 떨면서 잡아 뜯은 후 친구를 알아보고는 화들짝 놀란 나머지 움찔하는 아픔을 느끼며 물러났다. 두 남자는 잠시 더 멍한 눈으로 말 없이 마주 보고 서 있으면서 더없이 쓰디쓴 쓸쓸함의 잔을 깡그리 비웠다.

그러다 왕자가 정신을 다시 통제하에 두었다. "무기를 가져와, 거지 자식아!" 그가 친구에게 소리쳤다. 마치 음료 잔에 금이 가는 소리처럼 새되고 갈라지고 반향 없는 목소리였다. 심장이 그의 몸속에서 뒤집히고 쓰디쓴 분노로 가득 찼다. 그가 오랜 세월 마음에서 우러나오는 모든 선의와 애정을 쏟았던 두 사람이 그의 앞에 성물 절취자처럼 서 있었다.

　　　　가인이 검을 가지러 달려갔다. 왕자가 복도 벽에서 검 하나를 낚아챘다. 결투자들은 거칠고 맹렬하게 서로를 향해 쨍쨍 검을 휘둘렀다. 무의미한 결투가 시작되고 얼마 되지 않아 왕자가 목에서 피를 흘리며 쓰러졌다. 가인의 베인 뺨에서 한 줄기 붉은 띠가 흘렀다. 그는 바닥에 누운 친구가 피를 흘리고 죽어가며 몸을 비트는 걸 보았고 사색이 된 왕비가 그 위로 몸을 숙인 걸 보았다. 그의 눈빛이 어지러워졌고, 그의 생각은 갈피를 못 잡고 가물거리며 피범벅이 되었다. 그가 손에 붉은 검을 들고 홀을 향해 가자 겁먹은 하인들이 달아나 그 일을 알렸다. 그는 쌍여닫이문으로 들어가 검 끝으로 자기 앞의 바닥을 찌르며 큰 소리로 광기 어린 웃음을 터뜨렸다.

　　　　홀 안에 갑갑한 정적이 일었다. 쏟아진 포도주가 왕의 의상 전체에 흘렀다. 곧이어 비길 데 없는 소동과 혼란이 일어났다. 피를 뚝뚝 흘리며 검을 든 자를 아무도 건드리지 않았다. 당혹한 시동들, 울고 실신하는 여자들, 어쩔 줄 모르는 남자들, 경악한 노인들이 넘어진 의자들과 물건들 사이로 몰려다녔다. 단지와 병이 밀쳐져 쓰러졌고, 찢어진 식탁보 위로 고급 포도주의 유유한 개울이 흘렀다. 음악은 잠시 더 연주되다가 노래 중간에서 깜짝 놀라 뚝 끊겼다. 태자가 처음으로 가인에게 다가갔다. "무슨 일이냐, 노래쟁이야?"

"당신의 금발 형제를 내가 죽였다. 그는 누워 있고, 나의 소중한 애인은 두 번 다시 그를 깨울 수 없지." 그 사이 하인들이 무기를 날라 왔고, 수많은 귀족들이 문을 향해 돌진했다. 그러나 태자가 그들을 제지했다. "진정들 하시오, 여러분! 차라리 서둘러 왕자를 살피시오."

살해당한 자와 그 위로 몸을 숙인 왕비는 몰려든 수많은 사람에게 둘러싸였다. 홀 안에는 왕만 혼자 남아 있었는데 그는 포도주 때문에 정신이 혼미했다. 그의 총아인 일그러진 가인이 그리로 다가가 왕의 잔에 든 포도주를 마셨다. 태자는 문간에 서서 잔인한 호기심을 품은 채 취한 자와 미친 자를 지켜보았다. 모두가 떠나간 화려한 홀에서 잔 하나로 술을 마시는 두 사람의 모습은 기이하고 슬퍼 보였다. 마치 영혼이 병든 화가의 환상적인 캐리커처처럼.

그 순간 모든 어두운 창 너머에서 마지막 불꽃놀이가 몹시 화려하게 불타올랐다. 대규모 군중이 고요해진 성 앞으로 무리 지어 밀려왔고 감사가 담긴 환호성으로 왕의 축제를 장식했다.

말 없는 이와의 대화

지금 웃는 거야? 네가 말하지 않은 질문을 되풀이하는 거야? 네게 무슨 말을 해야 할까! 이 어두운 방, 후임자를 찾지 못한 그림들의 네모 자국이 나 있는 이 꾸미지 않은 벽들, 작은 난로 속에서 타닥거리는 이 불, 우리 손과 열린 피아노에 비치는 이 달빛, 이 고요, 그리고 늦은 시간은 내 안에서 말하고 싶어하는 걸 내 입보다 더 알아듣기 쉽게 말하는구나.

    속삭이며, 눈빛과 몸짓으로 더 많은 걸 말하며 청춘 시절 친구에게 내 속마음을 털어놓아야겠어. 어느 집 혹은 들판 이름만 대도 이야기 전체를 이해할 이에게. "그거 기억나?"라는 말과 흥얼대는 노래 구절로 자주 내 말을 끊을 이에게.

    나의 어머니, 하고 내가 말하면 네가 뭘 알까? 너는 내 어머니의 검은 머리칼과 갈색 눈을 보지 못하는걸. 종소리 울리는 초원, 하고 내가 말하면 네가 뭘 생각할까? 너는 밤나무 수관에 바람이 스치며 쏴쏴 부는 소리를 듣지 못하고, 라일락 덤불의 향기를 느끼지 못하고, 푸른 방울꽃의 건들거리는 종 머리들로 뒤덮인 푸른 초원을 보지 못하는걸. 그리고 내가 내 고향 도시의 이름을, 그 소리만으로도 내 피가 움직이는 이름을 네게 말해도 너는 탑들과 멋지게 다리가 놓인 강을 보지 못하고, 설산이 이룬 배경을 보지 못하며 우리 사투

리로 된 민요를 듣지 못하며, 게다가 스스로 환희와 향수를 느끼지 못하는걸!

차라리 동화를 하나 들려줄게. 두 바이올린 연주자가 서로 좋은 친구 사이면서 걸인처럼 가난했어. 그러다 어느 불길한 날에 그들은 내기를 해보기로 했어. 둘 중 누가 더 대단한 바이올린 연주자일지를 놓고 말이야. 이때부터 그들의 명성은 높아졌어. 하지만 서로가 서로를 결코 믿지 않았지. 왜냐하면 두 사람은 시기심과 공명심에 빠져 자신의 영혼을 밑바닥까지 샅샅이 엿듣고 모든 깊숙한 곳을 자신의 기예로 환히 비췄으니까. 그러다 한 사람이 어느 달 밝은 밤에 슬픈 노래를 연주했지. 어찌나 밤과 고통에서 비롯한 노래였던지, 그리고 자신의 망가진 우정에 대한 우울한 회상이 어찌나 가득했던지, 다른 어떤 노래보다도 더 깊게 들리고 마음을 사로잡았어. 이 노래를 들은 다른 바이올린 연주자는 온통 시기심에 사로잡혔고, 친구의 방으로 달려 들어가 바이올린 연주자와 노래를 살해했어. 그날 밤 이후로 그는 자신의 기예에서 으뜸가는 거장이 되었지. 그는 제후의 궁정들에서 연주했고 왕들의 가슴을 떨게 했어. 왜냐하면 그의 곡조는 태어나지 않은 생각들과 행동들의 천사와 악마가 사는 영혼의 밑바닥까지 뚫고 들어갔으니까. 그러나 그의 얼굴은 수척하고 해쓱

하고 날카로워졌고, 그의 가슴은 모든 불안과 모든 불신과 모든 악의의 거처가 되었고, 그의 연주는 그의 영혼의 가장 손댈 수 없는 내면을 날마다 도둑질하고 욕보였어. 그러던 어느 날, 그는 감히 많은 청중 앞에서 친구의 그 마지막 노래를 연주했어. 그때 별안간, 살해당한 자가 가슴에 칼이 꽂힌 채 그 앞에 서서 그의 바이올린을 함께 연주하는 거야. 더욱 구슬프게, 더욱 힘차게. 이에 거장은 공포로 창백해져 황소 같은 눈으로 군중 앞에 서 있었지. 군중은 살해당한 자를 보지는 못하고 그저 두 사람이 켜는 바이올린 소리를 몸서리치며 들을 뿐이었어. 두려움이 홀 안에 퍼졌고, 연주자가 곡을 끝냈을 때는 죽음 같은 정적이 감돌았어.

지금 웃는 거야? 네가 묻지 않은 질문을 되풀이하는 거야? 네가 칼을 지녔는지 내가 알까? 옆에 앉아 네 손을 잡고 있는 동안 나는 네가 아직 그 본질과 광채를 모르는 보물을 가지고 있지 않을까? 시기심을 자극하는 마력을 가진 노래를? 너를 부끄럽게 할지 모를 아픔을? 그리고 만일 내가 어느 날 네 눈을 들여다보며 내 노래를 너와 함께 연주한다면 어떨까?

지금 웃는 거야? 날 용서해줘, 과묵한 친구야! 너는 대리석상이고 나는 내 금반지를 장난삼아 네 손가락에 끼워주고 싶어. 그런데 네가 돌연 웃기를 멈추고 돌 손가락을 오므리면 어떡하지? 참, 내가 아는 동화가 하나 더 있어.

　　　　단 한 명의 친구를 가진 기사가 어느 날 미래를 보고 싶은 마음을 주체할 수 없었어. 그는 마법에 정통한 이에게 선물을 잔뜩 주고 물었지. 그이는 기사의 눈을 한동안 들여다보더니 말했어. "오늘 밤 꿈속에서 답을 얻을 거요."

　　　　그날 밤, 후덥지근하고 열에 들뜬 잠에 빠진 기사는 생명선 두 개가 강과 비슷하게 나란히 흐르는 걸 보았어. 그리고 그것이 자신의 삶과 친구의 삶임을 알아보았지. 두 선이 얽히고 뒤엉키고 잠시 연결된 후, 하나가 다른 하나를 이기고 잠식하면서 넓고 찬란하게 오래도록 계속 흘러갔어. 이 꿈을 꾸고 기사는 일진이 사나웠어. 그래서 밤중에 친구를 죽이려고 친구의 성에 잠입했어. 그런데 성벽 위로 기어오르다 해자로 추락해 목이 부러졌지. 친구는 오랫동안 그를 애도했고 권세와 부를 얻었으며 장수했어.

　　　　우리 중에 누구의 목숨이 더 질길지 나는 자주 궁금해져. 내가 섬뜩한 꿈을 열망할 때면 나는 속으로 생각하지. 네가 언젠가 말문을 열 거고 내게서 들은 많은 말들 가운데 하나를 별안간 내게 할 거라고. 그 말이 뜻밖에 되돌아온다면 나는 죽도록 놀라지 않을까?

아니면 네가 나를 떠나면서 내 고백들의 짐을 짊어지고 가버리는 거야. 그럼 나는 흡사 자신의 보석을 어린아이에게 맡긴 부자와 같은 기분을 느끼지 않을까? 보석을 지닌 아이는 붐비는 길거리에서 호시탐탐 노리는 탐욕 한가운데를 지나고 있고 말이야. 그렇게 나는 날마다 네게 새로운 보물을 맡겨 지키게 하고 날마다 네가 새로운 무거운 짐을 열망하게 만들지. 그런데 너는 내가 잔혹한 사람이 아닌지를 알까? 혹은 그걸 나보다 더 잘 알까?

  나는 네가 날 나 자신보다 더 잘 아는 게 틀림없다고 생각할 때가 많아. 그게 아니라면, 내가 옛일을 다시 이야기하며 그 일에서 색깔 하나, 이름 하나 혹은 몸짓 하나만 바꿀 때 너는 왜 고개를 가로젓는 거지? 만약 내가 거짓말하는 걸 네가 듣는다면? 만약 우리 사이에 싸움이 일어난다면? 틀림없이 그건 생사가 걸린 싸움이 되지 않을까? 그러니 나는 네가 나의 인내심에 맡겨진 것인지, 혹은 내가 너의 인내심에 맡겨진 것인지 모르겠어.

  이따금 너의 미소가 내 이야기를 따라올 때면, 내게는 순간 그것이 무언가를 다시 알아보는 미소처럼 보여. 내가 이걸 하고 저걸 하지 않았을 때 그 자리에 네가 있었던 거야? 내가 이 악행을 저지르고 저 선행을 행했을 때 네가 지켜봤던 거야? 너를 내 곁에 묶어두는 게 혹시 내가 모르는, 과거의 현재가 불러온 결과일까? 양심의 가책, 비밀의 공유, 공동 양심의 가책일까? 그렇다면 우리가 함께하는 이유는 거울과 위로가 필요해서고, 함께 괴로워하는 자가 필수여서이며, 어쩌면 공동의 범죄를 저지른 두 사람에게서 늘 깨어 있는 의심 때문일지도. 그러니 우리는 함께 살고 함께 파멸할 수밖에 없겠지.

아니면 어떻게 내 마음속에 허심탄회하게 말하려는 욕구가 일 때마다 네가 나에게 다가올 수가 있겠어? 마치 그 속비밀이 제삼자에게 드러날까봐 걱정하듯 말이야. 한 사람이 짊어지기에는 너무 무겁게 내 기억을 짓누르는 것이 대체 무엇인지!

무거운 꿈들이 앞서가는 시간 동안, 불안할 만큼 굼뜨고 납빛이고 열띤 그 시간 동안, 한 가지 들쑤시는 욕망이 자주 나를 사로잡았지. 너를 괴롭히고 너의 아픈 비밀을 빼앗고 네가 한숨짓는 소리를 듣고 네 가슴에 발을 올리거나 네 목을 꽉 조르고 싶은 욕망이 말이야. 그러다 상상 속에서 벌써 네 신음 소리가 들리고 네 목에 흐르는 피가 보일 때면, 가끔 네가 내게로 다가왔지. 그리고 나는 두려움과 연민에 사로잡혀 네 손을 쓰다듬고 너를 애칭으로 불렀고 네 눈을 바라보는 걸

피했어. 어째서 내가 널 두려워하는 걸까?

　　　　혹은 어째서 내가 널 사랑하는 걸까? 왜냐하면 나는 뭐로든 변할 수 있고 절정을 모르는 사랑으로 널 사랑하니까. 나는 좋은 반려동물처럼 널 사랑하고, 내 예술의 창조물처럼 널 사랑하며, 사람들이 수수께끼와 소름 끼치는 걸 사랑하듯 널 사랑해. 나는 또 내 육신의 한 부분처럼 널 사랑하고, 동트는 날처럼 널 사랑하며, 나 자신의 모상처럼, 나의 악마와 나의 섭리처럼 널 사랑해. 그런데 너는 날 어떻게 사랑하지?

게르트루트 부인에게

당신은 나의 성에서 가장 외떨어진 방, 좁은 창문의 아치 아래에 앉아 있곤 했죠, 나의 망자들 가운데 가장 친근한 여인이여. 불가해하고 선량한 당신의 존재는 모든 함께 있음과 손잡기를 넘어 아직도 계속되고 있답니다. 이미 사라져버렸음에도 오랜 시간 더 우리에게 빛이 닿는 별의 존재처럼요.

내가 새로운 삶*의 하늘 아래를 몇 번이나 걸었는지를 나는 더 이상 헤아릴 수 없어요. 내가 당신의 모습을 한 다른 상을 찾아내기 위해 몇 번이나 헛된 발버둥을 쳤는지 나는 더 이상 헤아릴 수 없어요. 저 가장 달콤한 시가 아니라면, 어떤 아름다움도 당신과 견줄 수 없어요. 내게는 당신이 먼 옛날 황홀경에 빠진 단테를 스쳐 지나간 여인이었던 듯, 그리고 나의 동경 가득한 청춘의 그늘 속에서 딱 한 번 더 지상을 거닐었던 듯 여겨질 때가 많아요. 내가 이 눈으로 직접 당신을 보았다는 것, 당신의 가벼운 걸음이 내 걸음 옆에서 땅 위를 걸었다는 것, 이는 천상의 은총이 아닌가요? 내 이마에 닿은 축복하는 손이, 환한 눈에서 나오는 눈빛이, 영원한 아름다움의 왕국으로 내게 열린 문이 아닌가요?

잠든 나의 꿈속에서 자주 당신 몸의 형체가 보

---

* Vita Nuova. 단테의 작품 제목이기도 하다.

이고 당신의 고상한 손에서 마디가 섬세한 흰 손가락들이 그랜드피아노의 건반에 놓인 것이 보여요. 혹은 당신이 저녁 무렵 서서 창백해지는 하늘의 변화하는 색을 지켜보는 모습이 보여요. 아름다움에 대한 경이로운 앎으로 인해 깊은 광채로 가득한 눈으로 말이에요. 그 눈은 내게서 셀 수 없이 많은 예술가 꿈을 불러일으키고 이끌어주었죠. 그 눈은 어쩌면 내 삶에 주어졌던 가장 소중한 것이었을지도 몰라요. 왜냐하면 그 눈은 아름다움과 참다움의 별로서, 선량함과 엄격함이 가득하고 거짓 한 점 없고 이끌어주고 고쳐주고 상을 주며, 모든 무가치하고 비본질적이고 우연한 것의 적이자 응징자이니까요. 그 눈은 법칙을 부여하고 시험하고 비난하고 넘쳐흐르는 행복으로 기쁨을 줘요. 이 확고부동한 빛의 너그러운 반짝임과 허락이 없다면 이득이 무슨 소용이고, 총애가 무슨 소용이며, 명성과 인간의 찬사가 무슨 소용일까요!

낮은 아이들과 전사들한테 걸맞게 시끄럽고 잔혹하며, 모든 낮의 삶에는 부족함이 배어 있어요. 모든 어둑해지는 저녁은 귀향이, 열리는 문이, 모든 영원의 소리가 들림이 아닌가요? 경이로운 당신은 나에게 귀향하는 법과 영원의 목소리에 귀를 여는 법을 가르쳐주었죠. 어느새 마지막 문이 당신 앞에서 양쪽으로 열릴 준비가 되었을 때, 당신은 내게 이런 말을 했어요. "저녁을 성스럽게 보내고 저녁의 침묵을 당신의 집에서 몰아내지 마요. 별도 잊지 말고요. 별은 영원의 지고한 상징이니까요."

그리고 한번은 또 이렇게 말했죠. "설령 나를 잃더라도 여성들과 화목하게 지내는 걸 잊지 마요. 그들은 모든 비밀과 가장 가까우니까요." 그때 이후로 나는 별과 여성과 나누는 그런 무언의 대화를 누구와도 하지 않았어요.

우리가 우정을 맺었던 그때, 또 누군가가 우리한테 다가왔죠. 보이지 않고 이해할 수 없는 존재, 정령이자 수호신이 말이에요. 내 위에서 그가 보이지 않는 몸짓으로 축복을 내리며 저 말을 한 것 같아요. 이제 너희의 축복이 나타났도다.* 그때부터 그는 내 곁에 머무르며 다양하게 모습을 드러내곤 했죠. 위로하는 팔로, 수수께끼를 푸는 자로, 행복의 제삼자로요. 여러 번 나의 손이 성급하게 건네졌고, 그럼 그는 그 손을 제지했어요. 여러 번 나는 아름다움을 지나쳐 갔고, 그럼 그는 억지로 나를 멈춰 세워 뒤돌아보게 했어요. 여러 번 나

---

* 원문은 다음과 같은 라틴어로 쓰였다. "apparuit iam beatitudo vestra." 단테의 『새로운 삶』에 나오는 구절이다.

는 푸른 행복을 가지에서 꺾으려 했고, 그럼 그는 내게 조언했어요. "조금만 기다려!"

유화적이고 사랑스러운 것, 고운 목소리와 위안이 되는 의미를 지닌 것, 드물고 고상하며, 고립된 아름다움을 지닌 것이 그때부터 내게 일면을 보이고 어떤 길을 통해 내 감각과 이어졌어요. 밤에 강들은 더 또렷이 내게 말했고, 별들은 더 이상 내가 모르는 채 뜨고 질 수가 없었어요.

나의 이 위로자이자 보이지 않는 제삼자는 내 심장이 박동을 잃고 내 눈이 먼 것처럼 여겨지던 날에도 내게로 왔어요. 그는 내 이맛살을 펴주었고, 이따금 내게 몸을 기대고 무언가 귓속말을 했고, 지나가며 내 손을 꼭 쥐어주었어요. 그런데 당신은 차향이 나는 장미꽃 천지에 파묻혀 포근히 누워 있었죠. 온통 평화롭고, 온통 환하고, 친근하게, 그러나 미소 없이. 당신은 누워 있으면서 손 하나 까딱하지 않았고, 누워 있으면서 차갑고 하얬어요.

내게 그 시간은 깊이를 알 수 없는 검은 밤과 같았어요. 나는 짙은 암흑 속에 서서 내가 어디에 있는지 몰랐어요. 멀고 가까움이 없었고, 꺼진 불빛들에 둘러싸인 것 같았죠. 나는 가만히 서서 사방 옆에 심연이 열려 있는 걸 감지했고, 맞잡은 내 두 손의 단단하고 차

가운 감촉만을 느꼈으며, 더 이상 아침의 존재를 믿지 않았죠. 그때 그 위로자가 내 옆에 서서 단단한 팔로 나를 껴안고 내 고개를 뒤로 젖혔어요. 그러자 보이지 않는 하늘의 정점에서 완전한 암흑 한가운데에 유일하게, 밝고 온화하며 광채 없는 한 점 별이 복된 아름다움으로 떠 있는 게 보였어요. 그 별을 보았을 때, 나는 당신과 숲속을 걷던 어느 저녁을 떠올릴 수밖에 없었어요. 나는 당신에게 팔을 두르고 있었는데, 돌연 내가 당신을 완전히 꼭 끌어안고 당신의 온 얼굴을 갈망하는 빠른 입맞춤으로 뒤덮었죠. 그러자 당신은 화들짝 놀라 나를 밀쳐냈고 마치 다른 존재로 변한 것처럼 보였어요. 그리고 이렇게 말했죠. "그만, 내 사랑! 나는 당신이 포옹하라고 여기 있는 게 아니에요. 당신의 손과 입술이 더 이상 내게 닿지 않을 날이 머지않았어요. 하지만 그 후에 내가 오늘보다, 그리고 그 어느 때보다 당신에게 더 가까워질 때가 올 거예요." 이 가까움이 돌연 끝없는 달콤함으로 내게 밀려왔어요. 마치 눈[目] 속의 완전한 눈처럼, 끝날 줄 모르는 입맞춤처럼. 이 형언할 수 없는 합일에 비하면 모든 애무는 아무것도 아니죠!

우리가 함께 있던 장소들을 수차례 거니는 동안 그 희열이 나중에도 가끔 내게 찾아왔어요. 당신이 죽고 이미 오랜 시간이 지난 후였죠. 한번은 슈바르츠

발트에서 어두운 숲을 지나며 산을 오를 때, 당신의 환한 형체가 위에서 내게로 다가오는 게 보였어요. 당신은 예전처럼 손짓하며 산을 내려와 나와 마주치고는 사라져버렸죠. 그러는 사이 동시에 당신의 존재가 내 마음속을 달콤하고 깊숙하게 채웠어요.

　　　하지만 당신은 내 꿈의 하늘에 가장 자주 나타났어요. 당시 나의 가장 암울한 날에 그랬던 것처럼 온화한 은총의 별로서, 복된 아름다움으로 가득 차서.

　　　음악과 시끄러운 대화가 마지막 정원 길까지 당신을 뒤쫓던 어느 저녁에, 나는 그곳에서 왔다 갔다 하는 당신을 발견하고는 팔을 당신에게 내밀고 함께 걸었죠. 당신은 내게 말했어요. "만약 내가 더 이상 여기 있지 않게 되면 그리고 만약 당신 자신이 언젠가 더 조용해지고 나면, 이 흘러가는 저녁과 이미 지나간 여러 저녁이 당신에게 자신의 손보다 더 생생하고 더 현실적으로 느껴질지도 몰라요. 그때 당신은 한밤중에 어딘가 당신의 방에서 깨어 있을 거예요. 어쩌면 여기로부터 먼 곳에서. 하지만 당신의 창문으로부터 가까운 세계가 물러날 거고, 당신은 이 길과 우리 두 사람이 이 길을 거니는 모습이 보인다고 여길 거예요."

　　　그리고 오늘 내 앞에 그 저녁이 있고, 아득한 음악 속으로 우리의 조용한 목소리가 다시 섞여드는 나머지, 나는 그 저녁과 오늘 저녁 중에 무엇이 현실이며 지상의 달빛을 받고 있는지 알지 못해요.

야상곡

나의 말이 멈춰 서더니 아름다운 목을 뻗으며 저녁을 향해 히힝 운다. 반갑구나!

반갑구나, 나의 삼나무 어두운 피난처여! 귀중한 검은 띠를 두르고, 평화를 가져다주는 너, 세상과 동떨어진, 자연 그대로의 너!

깊고 광막한 삼나무숲에 호수와 화강암 성이 숨어 있다. 영원을 위해 지어지고 거대한 규모에 마름돌로 튼튼히 쌓은 성, 이곳에는 노르만 양식의 어마어마한 모퉁이 탑들과 단 하나의 문이 있다. 문이 열리면 넓은 마름돌 계단들로 이루어진 층계가 나오고, 층계는 바닥없는 검은 호수로 이어진다. 서릿발을 인 파수꾼이 내 말이 우는 소리를 알아듣는다. 그는 신중하게 청동 문을 통과하고 푸르스레한 계단을 지난다. 왕의 보트를 무거운 사슬에서 풀고 거울처럼 검은 물 위로 소리 없이 노를 젓는다. 나를 태우고 다시 배를 몰아 돌아간다. 우리는 네모난 쇠고리로 이루어진 사슬에 다시 보트를 맨다.

우리는 청동 문의 문턱에 앉는다. 우듬지의 속삭임이 저녁 바람 속에서 커지고, 어스름이 물가의 나무줄기 사이로 슬금슬금 몰려온다. 파수꾼이 단단한 두 손으로 늙은 머리를 괸 채 긴 평온한 눈빛으로 저녁을 파고든다. 우리 앞으로 이끼가 끼어가는 계단들과 움직이지 않는 호수가 있고, 양쪽으로 신성한 숲의 천년 묵은 높은 벽이 서서 맞은편 먼 호숫가에서 어두운 고리를 완성한다. 시간이 들리지 않는 날갯짓으로 우리 머리 위로 날아간다.

물 저편에서 우듬지들 위로 작은 빛 한 점이 떨면서 올라오더니 또렷해지고 커져 환히 빛나기 시작하고 둥실대는 만월로 숲에서 떨어져 나온다. 우리가 앉은 자리에서 시작해 그 빛이 호수 위로 서서히 퍼지다가, 마지막엔 둥근 수면이 순수한 깊은 빛 속에 그림자 없이 떠 있다. 움직임 없이, 마치 무한한 거울처럼. 끝 모를 깊은 곳에서 은빛 달이 줄지 않은 광채를 발하며 바라본다.

파수꾼의 고정된 시선은 수면 속 달의 느릿한 변화에 머물러 있다. 그의 얼굴은 우울하며, 나는 그가 나와 말하고 싶어한다는 걸 십분 느낀다. 그에게 질문을 던지는데, 내 목소리가 고적한 숲의 원 안에서 메아리치는 데 화들짝 놀라는 바람에 나는 속삭이는 어조로 급히 소리를 낮춘다. 내가 그에게 묻는다. "우울한가요? 무슨 생각을 하고 있나요?"

그는 시선을 돌리지 않지만, 하얀 머리를 조금 숙이고 한숨을 짓는다. 그리고 말한다. "천년 전에 나는 여기 이 문턱에 앉아 밤 호수 위를 바라보고 있었죠. 그리고 저기에, 지금 달이 비치는 물 한가운데에, 망자의 거룻배 한 척이 떠서 붉게 솟구치는 불길 속에서 타오르고 있었어요. 불타는 작은 배가 반영되어 온 호수가 붉었어요. 그리고 배 안에는 나의 마지막 왕이 누워 계셨죠."

노인이 옷으로 머리를 덮는다. 얼마 후 옷을 치우는데 그의 수염에 아직 눈물방울이 있다. 그가 이야기한다. "그 후 얼마 안 있어 나는 시신이 실린 마지막 거룻배를 이 층계에서 불태우며 밀쳐냈어요. 인간을 초월한 아름다움을 지닌, 눈처럼 창백한 숙녀가 자주색 성장(盛裝)을 하고 그 안에 누워 있었어요. 나의 마지막 왕비였죠." 삼나무숲이 저음으로 쏴쏴 소리를 내기 시작한다. 바닥없는 물에서 둥근 달이 슬피 바라본다. "나는 그분을 사랑했습니다."—

"그 모든 오랜 세월 동안 나는 성을 지키며 고요한 저녁 내내 나의 층계에 앉아 있었어요. 하지만 당신이 잘 아는 얘기겠죠. 당신은 나를 이름으로 불렀고 천년 전부터 이 피난처에 출입한 유일한 사람이니까요. 당신은 그분의 방들을 여는 열쇠도 가지고 있잖아요! 들어갈 건가요?"

우리는 등 뒤로 문을 닫는다. 파수꾼이 고리에서 횃불을 집어 위쪽 층계를 밝혀준다. 고향의 천년 된 층계여! 청동 장식 촛대여! 타일 통로여! 내가 이곳을 지나면 왕의 걸음 소리의 반향이 깨어난다. 마지막 문에 이르자 파수꾼이 멈춰 서서 깊이 절하고 나를 홀로 남겨둔다. 나는 오래된 방에 들어가고, 지난 시간이 나를 환영해주는 것을 느낀다. 옛날에 겁 많은 사내아이였을 때 이곳에서 느낀 것과 똑같이. 우리의 마지막 왕비의 방! 다홍색 양탄자들, 사자 머리가 달린 높은 안락의자들, 황금과 보석으로 만든 여인들의 장난감. 전리품인 이교의 신이 방 한가운데에 서서 황금 머리띠를 두르고 왕비의 작은 하프를 팔에 달고 있다. 밤새 한탄조의 긴 선율로 호수와 고요한 백조들을 매혹했던 그 하프다! 심야의 금발 애인이 노래를 부를 때 반주하던 그 하프다!

   그이는 구름 낀 폭풍 치는 밤이면 일렁이는 호수에서 축축하고 반짝이는 몸으로 잽싸게 나와 잠자는 하인들을 지났고, 어두운 다홍색 방에서 사랑꾼 왕비와 애무를 나눴다. 그이는 긴 뱀 검을 마지막 왕의 쾌활한 가슴에 관통시켰다. 그이는 천둥 번개가 치는 윙윙거리는 밤에 왕비의 입, 사랑에 통달한 그 붉은 입에 죽음의 입맞춤을 했다.

   그 흑단 하프가 고요한 신의 팔에 걸려 있다. 나는 진주 이빨에 에메랄드 눈을 지닌 용 머리가 달린 하프의 날씬한 낯선 형태와 가는 현을 오래도록 지켜보고 불후하는 강렬한 과거의 헤아릴 수 없는 숙명과 열정을 들이마신다.

       창문에는 커튼이 쳐져 있지 않고, 나는 창턱에 눕는다. 층계와 호수가 내 밑에 있다. 파수꾼은 그의 계단에 우울하게 앉아 호수 깊은 곳을 눈으로 만끽하고 그의 불멸하는 사랑의 거세게 파도치는 바다를 강철 가슴에 간직한다. 천년 전부터 죽음도 시간도 없이, 마법에 빠진 파수꾼과 호수와 숲, 고리 모양으로 파수를 보는 수백 년과 그 위로, 죽음도 시간도 없이, 고요한 만월. 모든 호흡은 무한한 영원의 잔으로 마시는 한 모금, 모든 심장박동은 침묵의 바다에 이는 셀 수 없는 고요한 파도 하나!

       근처의 물 위에서, 마치 빛나는 띠처럼, 하얀 밝음이 나타난다. 멈춰서 날갯짓을 하는 한 마리 큰 백조다. 백조가 천천히 헤엄쳐 나간다. 멀리 저 멀리 호수 안으로. 그곳에서 백조가 정지하여 겨우 보일락 말락 하는데 상처 입은 채 당당히 몸을 들더니 바닥으로 가라앉는다. 달콤한, 상처 입은 음이 성과 호수 위를 맴돌고, 나는 그것이 백조의 노래인지 혹은 검은 사랑의 하프에서 깨어난 음인지 알지 못한다. 그런데 파수꾼이 일어서서 고개를 들고 무아경에 빠져 황홀하게 그 하얀 기적을 눈으로 좇고, 귓속에 달콤한 음을 들으며 두 팔을 뻗고 한참을 더 서 있다. 나 역시. 그리고 황홀하리만큼 듣기 좋은 고요가 나를 가슴속까지 시원하게 해준다.

    파수꾼이 이쪽을 힐끗 올려다보며 눈빛으로 묻는다. 나는 고개를 끄덕이고 왕비의 방을 잠근 후 넓은 층계를 내려간다. 보트는 이미 풀려 있다. 내가 올라타고, 노인은 소리 없는 노를 검은 물결 속에 깊이 담근다.

이삭 여문 들판 꿈

나는 이미 너를 꾼 적이 있다, 나의 이삭 여문 들판 꿈이여! 너의 붉은색과 황금색 빛으로 다시 날 감싸줘! 다시 내 밤의 문턱을 넘어와 다시 새로운 행복의 예고자가 되어줘!

　　　　보라, 내 새벽의 잠겨 있는 정원, 그 공기에는 은빛이 가득하고 그늘에는 미래가 가득한데, 그곳에서 그가 걸어 나온다. 나무들이 살랑거리는 소리가 들리고 풀밭들에서 나는 냄새가 느껴지는 것 같다. 나의 향수는 그 충만함을 만끽하고, 나의 눈은 변모하여 끊임없는 시선으로 내 새파란 청춘의 봄들에 머무른다. 꿈은 강력해지고 내 앞에 이삭 여문 누런 들판이 햇빛 찬란한 광활함으로 펼쳐진다.

　　　　찬란한 햇빛 속의 이삭 여문 들판! 누렇고 붉은 빛깔들의 홍수, 부단한 빛의 충만함, 깊은 곳에서는 불그레하게 밝고, 가장자리에서는 찬란한 물결과 쉼 없이 변화하는 색으로 생동한다. 평온과 충족으로 가득한 끝없는 광경, 행복과 아름다움의 샘, 원초적 화려함을 지니고 자연 그대로이며 그 자체로 완결되고 되찾을 수 없는 모든 것이 모인 보물. 이 모든 게 내 가슴속에 가라앉아, 빈방을 전부 발견하고, 채우고 또 채우고, 마치 깊은 호수에서 나오는 물줄기처럼 넘쳐흐른다.

　　　　지금 어린아이가 된 내 가슴을 채우는 것, 내

피를 이토록 온화하게 데워주고 내 눈을 이토록 열리고 고요하고 빛나게 하는 것을 내가 어찌 말할 수 있을까! 충만해지고 태양과 고요한 들판의 빛과 하나가 되어 나의 눈과 가슴이 내 어린 시절의 형제들 가운데로 돌아온다. 넘실대는 들판으로, 순수한 하늘로, 형제자매 같은 나무들과 개울들과 바람들로.

반갑다, 형제자매들이여! 타향에서 있었던 일을 용서해다오! 나는 오랜 시간 병들어 있었고, 나의 귀와 눈은 더 이상 너희에게 닿지 않았고, 나의 가장 깊숙한 바탕은 내게 낯설어졌다. 내 안에서 영원하며 어머니의 선물인 것이 사슬에 매여 있었고, 그 무거운 숨은 가장 고요한 한밤중에만 내게로 올라와 닿았다. 이제 그것이 해방되어 호흡하고 내 가슴과 함께 호흡한다. 그리고 내 안의 모든 것을 베일을 벗은 현재에 열어놓는다.

이삭 여문 빛나는 들판이여! 네가 너의 평온한 밝음으로 나의 눈을 적시고 있는가, 아니면 내 행복의 빛이 나의 눈에서 넘쳐흐르며 너를 반짝이게 하고 태양에 불을 붙이는 것인가? 부유하면서 받아들이고, 곤궁하면서 베풀고, 둘이 하나로, 영원한 수수께끼의 달콤한 핵심, 나의 사랑과 너의 사랑은 그러하다. 나는 모든 척도와 중심으로부터 얼마나 해방되었는가! 어디가 시작 혹은 끝이며, 어디가 의지이고 목표, 혹은 근원이고 다리인가?

      이삭 여문 빛나는 들판이여, 너는 해방된 내 영혼의 모습이 아닐까? 너와 나, 둘 다 넘쳐흐르는 밝음 속에서, 둘 다 이루 말할 수 없는 것을 풍요롭게 지니고, 둘 다 서로 선물하며, 그리고 둘 다 달콤한 짐을 진 채 몸을 숙이고 있지 않은가?

(1898/1899년)

옮긴이 신동화

서울대학교 독어독문학과를 졸업하고, 같은 과 대학원에서 석사 학위를 받았다. 출판사에서 편집자로 일했으며 현재 번역가로 활동 중이다. 옮긴 책으로 『실패한 시작과 열린 결말/프란츠 카프카의 시적 인류학』, 『무용수와 몸』, 『괴테와 톨스토이』, 『9시에서 9시 사이』, 『심판의 날의 거장』, 『밤에 돌다리 밑에서』, 『모래 사나이』, 『슈니츨러 작품선』, 『나르시시즘의 고통』, 『레티파크』, 『말해지지 않은 것들에 대한 에세이』 등이 있다.

자정 너머 한 시간

초판 발행 2025년 12월 5일

지은이 헤르만 헤세
옮긴이 신동화

책임편집 허정은 | **편집** 허영수
표지 디자인 강혜림
마케팅 이보민 손아영

펴낸곳 (주)엘리 | **펴낸이** 김정순
출판등록 2019년 12월 16일 제2019-000325호
주소 04043 서울시 마포구 양화로 12길 16-9(서교동 북앤빌딩)
전화 02-3144-3123 | **팩스** 02-3144-3121
전자우편 ellelit.book@gmail.com | **인스타그램** @ellelit2020

ISBN 979-11-91247-60-2 03850